沒錯，世界如此廣袤

而生命何其短暫！

要留下完整作品，

必須活到一百歲！」

COLLECTIO

J. VERNE

COLLECTION HE

J.VERNE

目次

Jean-Paul Dekiss

法國電影導演，曾拍攝25部短片與六部長片，包括《上帝不存在》(Dieu n'existe pas，1994年參加柏林影展)與《魏特曼兄弟》(Les Garçons Witman，1997年參加坎城影展)。目前是亞眠(Amien)「凡爾納之家」負責人、「作家之家暨文學遺產協會」主席。著有《魔法師凡爾納》(*Jules Verne l'enchanteur*；Félin出版社，1999)，深入探討本書中提出的各項內容。

馬向陽

巴黎第八大學語言學碩士。曾任職法國在台協會、師大法語中心。譯有《消失》、本系列之《拿破崙》、《吳哥窟》、《美索不達米亞》，公共電視與前春暉影業之法語影片，並擔任口譯。目前任職台北利氏學社、華梵大學外文系，以及法國文化協會。

凡爾納

追求進步的夢想家

原著＝Jean-Paul Dekiss
譯者＝馬向陽

時報出版

ETRENNES 1888
ENFANCE JEUNESSE
J. HETZEL & Cie

若勒‧凡爾納(Jules Verne)不喜歡蠢傢伙；這一點大家心照不宣。與其說他恃才傲物，不如說是他的個性使然。他在孩提時期就常任由想像力馳騁，帶他遨遊四方。他從天真無邪邁向放蕩不羈，從南特去到巴黎，從法律轉向戲劇，再從通俗劇進入文學。爲了不帶宗教色彩的「上帝」，他摒棄所有教會，致力於開創人類的新極限。

第一章

羅亞爾河之子

「我將啓程出發！
船兒晃動你的
桅杆升起錨，
航向異國大地！
殘酷的希望
令人煩惱憂心，
那揮舞的手巾
竟成最後的訣別！
倘若船桅邀來暴風雨，
難說其中沒有一道風
吹向茫茫海中的船難⋯
⋯」

馬拉美
〈海風〉

1828年2月8日中午12點，莒勒・凡爾納誕生於羅亞爾河流域費多島(Feydeau)的南特(Nantes)。他是長子，雙親皮耶(Pierre Verne)與蘇菲(Sophie Allotte)於前一年結婚。他一歲時，弟弟保羅出生；九歲時，有了妹妹安娜；11歲時，瑪蒂德出世；到了14歲，他暱稱爲「小心肝」的瑪麗誕生了。一家人原本住在尙-巴赫堤道2號，1840年搬到尙-賈克-盧梭街6號。

在河流與大海之間……

南特是西部大港都。在費多島堤岸的榆樹下，到處堆放著待運的貨物，送走一批，又來一批。碼頭邊總是停靠兩、三排船隻：三桅帆船、三桅橫帆或雙桅縱帆、圓腹的雙桅橫帆船，還有往來大西洋的大帆船，一艘艘

「盤旋我腦海的，盡是小漁艇、沙丁魚船、雙桅帆船、三桅帆船……」

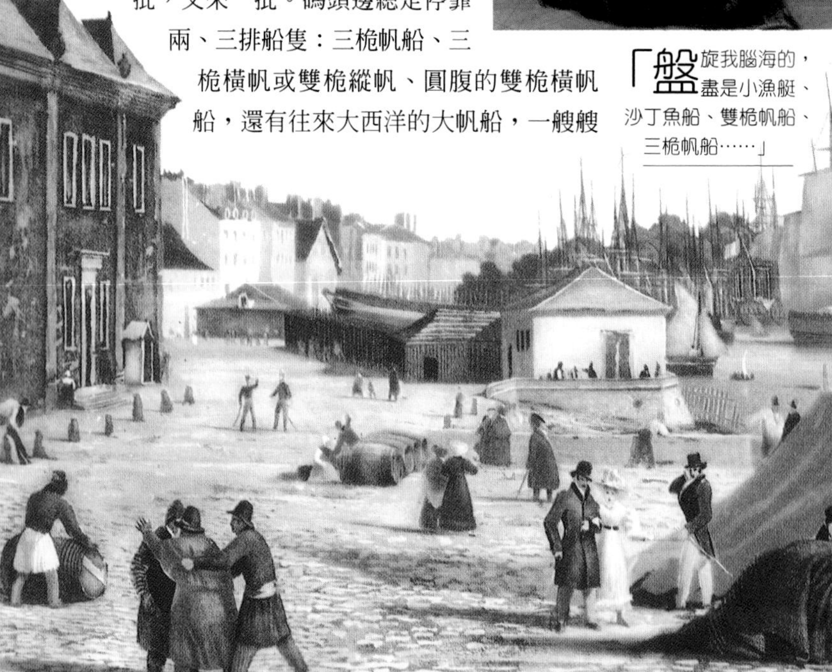

緊靠在一起。中途靠岸的乘客則等著要前往世界各地，繩索纏繞著收起的帆，啓航的號角聲不時鳴起。

一天，八歲的莒勒攀上一艘三桅帆船的舷牆：「終於來到甲板上了[…]。我抓著吊索，讓它隨著滑輪滾動！[…]貨艙口是開著的，我好高興！[…]俯身朝向那無底洞，迎面撲來一股濃烈氣味，在嗆人的瀝青中，混雜著各式香料！[…]」。他永遠也忘不了：「我想像自己抓著吊索爬上桅樓，牢牢抱著頂端的桅冠。」他在回憶錄裡如此寫道。

莒勒的曾祖父安東(Antoine)，是路易十五時代巴黎的參贊公證人，祖父加布利(Gabriel)是普羅萬(Provins)的代理推事，父親皮耶(左圖，1798-1871)是訴訟代理人，1826年定居南特；這三代自里昂遷居馬孔(Mâcon)、巴黎，直到普羅萬，都是法界人士。母親蘇菲，本姓阿洛特．德．拉福依(Allotte de la Fuÿe，左頁，1801-1887)，蘇格蘭後裔，祖先任職路易十一的蘇格蘭衛隊，1462年來法，獲得擁有鴿舍的皇室特權。1760年，她的曾祖父以船主身分定居南特。

……沿河大道與古柏(Fenimore Cooper)

童年讀物激發他的冒險夢，但是，比起《魯賓遜漂流記》中那位孤寂英雄，莒勒更喜愛威斯(J. D. Wyss)的《瑞士魯賓遜》，書中一家人全漂流到荒島，沒有人落單比較讓人安心：「我在他們的島上度過了好幾年！我滿懷熱情參與他們的歷險！我真羨慕他們的遭遇！」

做夢固然好，但玩耍就更棒了。莒勒的舅舅普律東(Prudent)曾是船東，每次莒勒去他位於拉蓋尚布(La Guerche-en-Brains)的家，總是入迷地聽他講述美洲的遊歷，他們來到公園：「弟弟和我無法出海，只好在田野間航行，穿越草原和樹林。沒有船桅可爬，所以我們時常待在樹上[…]。樹枝隨風搖曳，就像船兒在大海中搖晃。」古柏的航海遊記，以及巴德居(Bas de Cuir)有關英法爭奪「新世界」的《草原、獵麂人、最後的莫希干人》，這些冒險故事，就跟氣味強烈的船艙與商船的沉重船身一樣眞實，帶著費多島的這個孩子在想像中遨遊。

莒勒(左)與弟弟保羅，兄弟情深。

「幸好用功的孩子不會變成愚蠢青年與低能大人」

莒勒練劍，也學鋼琴。他和父親一樣熱愛音樂，從教育中了解必須崇尚道德價

狄福 (Daniel De Foe)的《魯賓遜漂流記》(1719)，成為人類對抗孤獨、向工作致敬的象徵。他讚揚經濟、道德與宗教價值。殖民企業在他的作品中獲得正面評價。

值。他從母親那兒學會欣賞優美文字，也遺傳到她的好脾氣與荒誕不羈的想法。

「阿洛特的想像力唷！即便克雷普頓火車頭或電流火花，都比不上她的速度！」他20歲時給母親的信這麼寫道。

他向一位遠洋輪船船長的遺孀桑邦(Sambin)夫人學習讀書識字，後來和弟弟保羅就讀教會辦的聖史塔尼斯拉寄宿學校。南特的布爾喬亞教徒認爲公立中學的思想太過自由，偏好將孩子送到這所小修院。莒勒的學業成績中等，受不了宗教紀律，高三時就離開小修院，在皇家中學通過會考，開始研習法律。

威斯的《瑞士魯賓遜》(1812)堪稱經典兒童文學，描述新教徒家庭在荒島上同心協力克服海難引發的種種波折。

克雷普頓(T. R. Crampton)製造早期的快速火車頭。

特殊的海難經驗

凡爾納家的度假屋位於南特郊區的尙特奈(Chantenay)，平靜的羅亞爾河流經此地，莒勒常在窗邊觀察長著燈心草與蘆葦的沙洲。到了夏天，他和保羅跑下河堤斜坡，跳

進小船，在小島間划行。

有一天，他獨自一人：「有片船板裂了，水滲進來，堵也堵不住，小船直沉下去，緊要關頭時，我跳向長滿蘆葦的小島，葦桿被風吹得彎彎的。」

這不成了魯賓遜？只是沒有什麼貝類和野味！「我總算了解什麼是被遺棄的痛苦、恐怖的匱乏[…]。幾小時後潮水退去，我就穿越淹到腳踝的河水，走向我心目中的大陸[…]。這就是令人驚心動魄的航行過程，逆風划行、進水、棄船，足以構成我那年紀所盼望的一場船難！」

1830至50年間，「不爆」蒸汽船在奈維(Nevers)與聖納澤(Saint Nazaire)間的羅亞爾河載運乘客，但鐵路出現以後就消失了。費多島是南特富裕的象徵，於1723年由24名在聖多明克(Saint-Domingue)開墾的有錢人用樁架搭建出來，後因1763年的巴黎條約及法國東印度公司結束營業而破產。

這件事讓表姊卡洛琳對他十分傾心，他們常在尙特奈或拉蓋尙布度假時碰面。她使莒勒成爲情感豐富的浪漫少年，而這份囿於親情的愛戀以及他藏在心底的夢想，在童年的每一次假期中滋養茁壯，過早地發展了起來。

從初戀開始(下圖，卡洛琳)，莒勒對女性的態度支配了他的家庭關係，也對他的作品影響甚鉅：她們若不是完全缺席，就是理想化般遙不可及。

「無能的神職人員，愚蠢的省長，沒有噴泉：這就是南特！」

1847年，卡洛琳結婚了，魅力頓失；當時莒勒19歲。幸好他的社交圈變大了，這段淡淡的情誼也就無寂而終。

卡洛琳結婚後，艾蜜妮(Herminie Arnault-Grossetière)讓他重燃起愛意。但從莒勒在1847至48年數月間寫給她的30首詩中，看得出這些情詩並未打動少女芳心。不願放棄的少年覺得自己該在文學造詣上加把勁：

「喔，妳的目光敲擊我的心房
像打著鼓，喧嘩又魅惑的女郎
噢！小心別對征服者過分使力
否則會弄破傻子的外衣！」

獲悉艾蜜妮也嫁作人婦後，莒勒說自己像「被人刺穿了雙肘，把牙齒拿去磨門環」，由此不難看出大文豪雨果對他的影響。他埋怨故鄉總是拒斥自己的愛，也責備社交圈的長舌婦拆散了他和艾蜜妮：這些人「惡毒、墮落、怪信徒、爛騙子、醜陋、無情、卑鄙、有辱後代名聲」。要知道，外省的商界講究可靠實際的婚姻，小凡爾納還太年輕，誰知道他的未來會如何？

「拉馬丁跳上藍沙發，彈簧的力道有點大，他要我幫忙別讓他摔下來，然後就在眾人面前連續發表了五、六篇令人讚賞的演講。」

艾朵
(Pierre-Jules Hetzel)

算了！偷得走他的愛，卻偷不走他的熱情！前途黯淡的蹩腳詩人？糟糕的結婚對象？罷了！他開始在南特研習法律，1848年7月前往巴黎。在那兒，卡芬雅克(Cavaignac)鎮壓的砲聲才剛響起。

城市之光

「我走遍幾個發生暴動的街道：聖雅各、聖馬丁、聖安東尼，以及小橋區、『美麗園丁』百貨公司；房子遍布彈孔以及大砲打穿的洞。這些街道散落著被砲彈打掉的陽臺、招牌、門楣，景象駭人[…]」

莒勒住在拉丁區老劇場街24號的一個房間，繼續

認眞研讀法律。住在南特的父親等著他回去接手律師事務所，每個月給莒勒一筆微薄的生活費。

他的姑父夏托布(Chateaubourg)將這名外省來的年輕人引介進巴黎的文藝沙龍。這位個性挑剔、沉默寡言、不愛膚淺事物的大學生，認爲首都的社交圈和南特不相上下，「既瘋狂、惹人厭，也勢利、愛貶低人」。

然而他竟大受歡迎！他在喬米妮(Jomini)夫人或瑪麗安妮(Mariani)夫人的沙龍裡，擺出有點虛僞無恥的德性：「怎可能不覺得我有魅力，況且，我總是贊同對方的意見！我曉得自己不能有什麼個人見解，否則就是自取其辱！[…]哦，20歲啊20歲！眞希望哪一天他們也變成20歲！」很快地，他在言談間養成挑釁的口吻與挖苦的調調，十足的放蕩不羈。

1848年2月24日，臨時政府宣布成立第二共和，要員包括：阿拉戈(François Arago)、拉馬丁、勒杜-侯蘭(Ledru-Rollin)和馬哈斯(Marrast，下圖)。四個月後，人民再度走上街頭。6月23至26日，卡芬雅克將軍率領三萬士兵剷除反動群衆，組成強硬的鎮壓勢力，政黨為了利益分配，使得已略有進展的共和國威信掃地。

「我向馬哈斯重複拉馬丁的句子：『這是為明天打造的共和國』，他幾乎不敢相信自己的耳朵。沒有這句話，我們就不可能前進至此。他看遠不看近；偉人都是高瞻遠矚的，短視近利的都是蠢才。」

艾朵

南特的家人很擔心他。莒勒辯解：「我可是第一個認清好壞，知道該如何取捨。參加這些聚會的藝術家都是徒具名聲，虛有其表。」

巴亥(Barrère)夫人40出頭，頗有學問，時常旅行。莒勒在她的沙龍裡見識到「所有浪漫派小集團」；他寫信向父親分享感受：「我開心是因爲前所未見、不可思議，直接接觸文學，預測文句的表達方式[…]。」他已經感受到生活是爲了寫作，寫作是爲了完全進入那個時代。

文學沙龍流行在旋轉桌旁看手相，進行神祕儀式，與亡者溝通。凡爾納想在充滿神祕的桌上遇見雨果(右頁)，卻碰到了大仲馬(上圖)。

「關於當下及未來的變化，有待更深入的研究」

莒勒想了解文學的一切，回到自己那地板上蠟並舖有東方地毯的房間，大讀特讀經典名作，他非常欽佩劇作家莫里哀好批評的精神，但最欣賞的還是當代作家：雨果的劇作與詩、大仲馬的歷史小說與劇本、維尼(Alfred de Vigny)的悲劇與詩、繆塞(Alfred de Musset)的喜劇等。莒勒雖然很愛說話，但是在群體中常顯拘謹。他愛笑也愛逗人，喜歡交談，尤其熱愛戲劇這種透過表演而具體呈現的活潑文學，自然吸引他多變的思想。

閱讀過法國作家的作品以後，他開始接觸德國浪漫派作家的創作，如賀德齡(Hölderlin)、席勒(Schiller)、歌德。當然，他的手邊也少不了英國大師莎士比亞的作品；此人受到斯湯達爾的排斥，直到英國演員在巴黎演出後，才又受到浪漫派喜愛。

戲劇藝術深受大眾歡迎，也是與大眾溝通理念和意見的唯一媒介。雨果自1827至43年浸淫其中超過15年，從《克倫威爾》到《老頑固》(亦作《布格拉弗一家》)，他用悲劇和通俗劇打破衰頹的框架，建立浪漫派戲劇和自由的文風。繆塞的《羅倫札丘》於1834年第一次演出，到了1848年，大仲馬即以歷史劇聲名大

「我常去這些文壇仕女的寓所，見識到這些附庸風雅者的淵博知識。雖然我想說她們還是有些膚淺，但無論如何，她們為談話刷上一層不知什麼漆，使它更添光彩，就像那些青銅器，材質粗糙但閃閃發亮，[…]趨前同她們握手的是拉馬丁、馬哈斯、路易-拿破崙：這邊是公主，那邊是伯爵夫人；大家談論著車子、馬匹、狗兒、獵人、皮件、政治、文學；以全新觀點批判他人，但錯誤百出。根據雨果的說法，這點來自目視上的錯覺：有些人總是堅持自己看到的燭光是星星。」

1848年12月29日的信

噪，還在「罪惡大道」上主持歷史劇院……

莒勒採用12音節的亞歷山大體，先寫悲劇再作喜劇。在一次因緣際會下，他結識了以《茶花女》迅速走紅的小仲馬。莒勒向他推薦自己剛完成的獨幕詩劇：《折斷的麥稈》，屬於描寫感情遊戲的馬里伏式風格(marivaudage；編按：即優雅精練的語言風格)。

「多麼卑鄙的賭局！願上帝原諒我，我們付出，還是輸了，爲了贏，得繼續付出」

1850年6月12日，這齣戲在抒情歌劇院上演，當時還是大仲馬的歷史劇院。這齣戲描述一群主僕爲一場賭局各懷鬼胎。其實是善妒的丈夫希望減少妻子對城市的嚮往，而她則希望丈夫送上珠寶飾品，讓自己穿戴進城。小倆口折斷麥稈打賭：誰先收下對方的東西，就必須滿足對方的要求。

從這部處女作即可看出他樂於冒險，樂於使用同音異義詞、韻腳、疊韻的特性，後來也成爲《奇妙之旅》(*Voyages extraordinaires*)系列的部分風格。此時的凡爾納並未自欺欺人，他明白自己這前後十年爲劇場寫的劇本毫無價值，純粹自娛，並不擔心未來。

1843年，雨果《老頑固》的失敗為浪漫派戲劇敲響喪鐘，當時法國最出色的演員是勒邁特(Frédéric Lemaître)。取而代之的是，新古典主義悲劇崛起，如朋薩(François Ponsard)創作的《魯克麗絲》。

擔任抒情歌劇院的祕書

1850年底，小仲馬爲莒勒向抒情歌劇院的經理塞維斯特(Jules Seveste)爭取到祕書的職位。

1851年12月，路易-拿破崙政變。莒勒寫信給父親：「我這條街底的房子遭砲彈擊毀！真是可恥，大家對總統與軍隊做出這麼丟臉的事，都憤慨不已。」

在維莒東普街(Rue Vieille-du-Temple)的小隔間裡，凡爾納準備海報與節目單，聯絡音樂家與藝術家。他會出席排演，監督布景的製作。脾氣暴躁的歌后卡貝(Marie Cabel)和梅藍格(Mélingue)、聖雷翁(Saint-Léon)和女高音拉絲娜(Larsennat)等搭檔起了爭執，也由他來主持公道。

至於薪水，有他的戲上演時才領得到，金額不多但常常有。他已卡好位，隨時準備上陣，贏得成功。就在那時，他遇到一位50多歲的男士，啓發了他另一個興趣。

OU DE COMBINAISON.
OU D'ÉBRANLEMENT.
Chaleur et lumière électrique.
Electro-moteur ou pile.
Machine électrique, plateau de verre.
TÉLÉGRAPHE ÉLECTRIQUE
Franklin en 1749, soutire l'électricité des nuages à l'aide d'un Cerf-Volant.
TÉLÉGRAPHIE ÉLECTRIQUE
Station de Départ... Envoi à midi moins une minute d'une dépêche à 10,000 Kilomètres
HORLOGERIE ÉLECTRIQUE
ELECTRO-AIMANT.
Electricité employée comme force motrice.
Un homme placé sur un plateau de résine est électrisé à l'aide d'une peau de chat.
1,500 hommes ressentent à la fois une commotion électrique

第一部短篇小說與寫作之苦

「我目睹了許多新發明的問世，如：含磷火柴[…]、公共汽車、鐵路、電車、瓦斯、電、電報、電話、留聲機。」

探險家賈克・阿拉戈(Jacques Arago)當時已失明十年，猶積極周遊列國，留意一切新發明與新發現。他與各領域的學者都交往密切，從中獲得地理和科學新知，認識各種思想演變，諸如天文、物理、化學，還不時搭乘熱氣球及早期的蒸汽船與火車旅行。

凡爾納與他相交，重拾自己12歲時

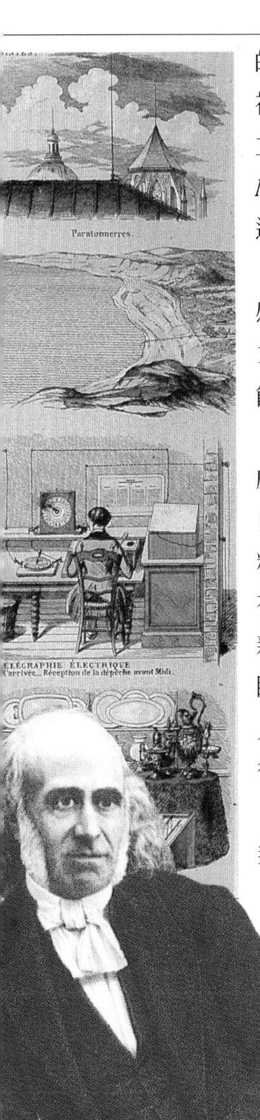

的夢想，那時古柏、威斯與狄福的作品多麼讓他興奮啊！他立刻投入《家庭博物館》(*Le Musée des familles*)即將推出的遊記系列。

他從賈克的探險中獲得靈感，以「古柏式風格」寫作；1851年7月和8月，《家庭博物館》刊出他兩篇短篇小說。

他身兼太多份工作，既是劇場祕書，又寫劇本，還要爲自己的小說蒐集科學與歷史資料，過度疲勞一度造成他顏面神經麻痺。爲此，他寫信給母親：「只要我不開口、不閉上眼、不使勁聞、不皺眉頭，沒人會看得出來……還有笑也不行」。

頻頻腹瀉，常讓他以爲感染上巴黎流行的霍亂。他將自己旺盛的食慾視作創造力來發洩。爲了對抗失眠，他再度練起幼時即已放棄的劍術。

FOYERS
ET
COULISSES
PANORAMA DES THÉATRES DE PARIS
PAR
JACQUES ARAGO
TROISIÈME ÉDITION
PARIS
A LA LIBRAIRIE NOUVELLE

阿拉戈兄弟一門豪傑：第二帝國垮臺後，艾提安(Etienne)成為首任巴黎市長；尚(Jean)參加墨西哥獨立戰爭，晉升為將軍，啓發凡爾納寫出《墨西哥的幽靈》(*Les Premiers Navires de la marine mexicaine*，又作《墨西哥海軍的首批艦隊》)；弗杭斯瓦(François)1848年擔任海軍部長，廢除奴隸制，又和安培(Ampère)研究電流，發現電流可使鐵磁化；探險家賈克(左圖)失明後創立阿拉戈公司，帶領各路拓荒者到美國加州沙加緬度挖掘金礦，曾是凡爾納的心靈導師。

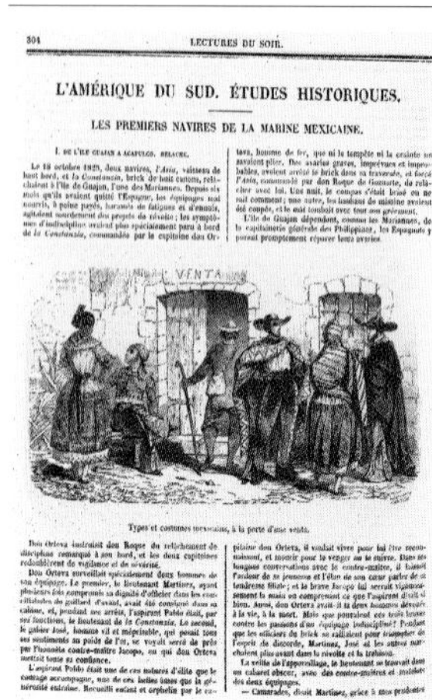

304 LECTURES DU SOIR.

L'AMÉRIQUE DU SUD. ÉTUDES HISTORIQUES.

LES PREMIERS NAVIRES DE LA MARINE MEXICAINE.

I. DE L'ILE GUAJAN A ACAPULCO. RELACHE.

Le 18 octobre 1825, deux navires, *l'Asia*, vaisseau de haut bord, et *la Constanzia*, brick de huit canons, relâchaient à l'île de Guajan, l'une des Mariannes. Depuis six mois qu'ils avaient quitté l'Espagne, les équipages mal nourris, à peine payés, harassés de fatigues et d'ennuis, agitaient sourdement des projets de révolte ; les symptômes d'indiscipline avaient plus spécialement paru à bord de *la Constanzia*, commandée par le capitaine don Ortera, homme de fer, que ni la tempête ni la crainte ne savaient plier. Des avaries graves, imprévues et improbables, avaient arrêté le brick dans sa traversée, et forcé *l'Asia*, commandé par don Roque de Guzurte, de relâcher avec lui. Une nuit, le compas s'était brisé on ne sait comment ; une autre, les haubans de misaine avaient été coupés, et le mât tombait avec tout son gréement.

L'île de Guajan dépendant, comme les Mariannes, de la capitainerie générale des Philippines, les Espagnols y purent promptement réparer leurs avaries.

Types et costumes mexicains, à la porte d'une venta.

Don Ortera instruisit don Roque du relâchement de discipline remarqué à son bord, et les deux capitaines redoublèrent de vigilance et de sévérité.

[illegible]

「我可以成爲不錯的文人，但當律師就糟了，凡事只看滑稽部分與藝術形式」

他在1851年1月寄給父親的信上如此寫道。當時他剛結束法律系的學業，父親催他盡快回到南特，不然就在巴黎的事務所當書記。回去南特？「離開巴黎兩年，等於失去所有人脈，之前的努力全都白費，眼睜睜看敵人收復失地。」

至於書記：「在巴黎當書記，可不只是每天工作八小時而已！一旦成爲書記，就再也沒有別的搞頭了……」莒勒已將全副心力投注在文學上。

父親定期匯錢資助他，他只得不停爲自己辯解，但父子始終維持良好關係。他們的通信帶著心知肚明的幽默。莒勒寫詩向父親要錢，他父親也以韻文回應：

「汝之詩文確實可取
若非60法郎離我而去
否則還能更加有趣。」

1833年，吉哈丹(Girardin)、布密(Boutmy)和克雷曼(Cleeman)採英文雜誌的形式，發行《家庭博物館》。莒勒早期的短篇都在此發表，如《墨西哥的幽靈》，描寫叛亂後橫越安第斯山脈的故事。

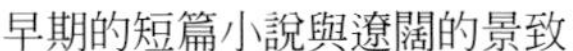

MUSEE DES FAMILLES

Lectures du Soir.

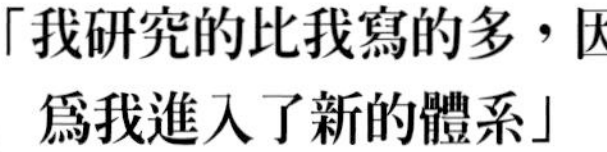

「我研究的比我寫的多，因爲我進入了新的體系」

莒勒持續研究與閱讀。霍夫曼(E. T. A. Hoffmann)的奇幻故事與愛倫坡的短篇作品帶給他更深的影響，爲他在奇幻的領域開啓新視界。

1853年，在他的寓言小說《佐奇瑞大師》(*Maître Zacharius ou l'orloger qui avait perdu son âme*，又譯《失去靈魂的鐘錶師傅》)中出現了時光發條。佐奇瑞大師是個瘋狂學者，深信自己掌握了宇宙的奧祕。19世紀常有這樣的人物，他們以信仰與思辯之間的對抗表達現狀，前者傳統且抽象，後者來自人類進步的知識。

追捕者與逃亡者在安第斯山脈的吊橋上撞個正著：「你沒看到裂開的大地是給你的吻？……這就是你現成的棺材！……你看地獄伸出了擁抱你的火焰！……迎接來世吧！」

莒勒的第二部短篇是《空中歷險記》(*Un voyage en ballon*，又譯《熱氣球之旅》)，靈感來自賈克．阿拉戈的升空經歷與一樁真實事件：英籍熱氣球駕駛員驚訝地發現他的乘客把連接吊籃與氣球的繩索一根根割斷。駕駛明白自己面對的是瘋子，決定智取，最後成功制服對方，安全落地。

凡爾納沒有忘記《浮士德》和《佐奇瑞大師》有多令他著迷，還會運用死亡這個題材。他嘲笑自己與主角合而爲一：「我變成另一個人，有著80幾歲的頭腦，外加拐杖與眼鏡；我變得和世界一樣老，明智有如希臘七賢者，深沉好比巴黎的葛奈(Grenelle)自流井，兼有阿拉戈的觀察力，還和古代名人錄中的道德家一樣愛說教[…]」(1852年11月寫給父親的信)。

詩人的靈魂

L'HORLOGER QUI AVAIT PE

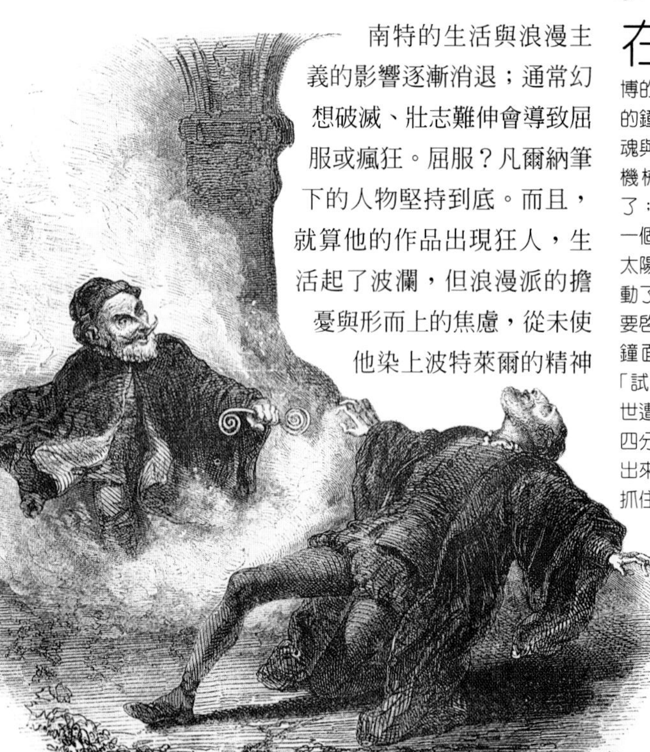

南特的生活與浪漫主義的影響逐漸消退；通常幻想破滅、壯志難伸會導致屈服或瘋狂。屈服？凡爾納筆下的人物堅持到底。而且，就算他的作品出現狂人，生活起了波瀾，但浪漫派的擔憂與形而上的焦慮，從未使他染上波特萊爾的精神

在宗教改革時期的日內瓦，學識淵博的佐奇瑞發明了完美的鐘錶，祕訣就是在靈魂與實體的連接處打造機械。這真是太成功了；直到有一天，鐘錶一個個開始出錯，原來太陽的鐘錶匠皮托納丘動了手腳。當佐奇瑞正要啓動最後一個鐘時，鐘面出現一行格言：「試圖與神齊名，必永世遭劫。」這時整座鐘四分五裂，發條也彈了出來，讓皮托納丘一把抓住，隨後遁入土中消失。佐奇瑞也倒地而亡。

錯亂或馬拉美對詩作的偏執——然而他聽得見蒼蠅嗡嗡叫。從他最早有關死亡的思考看來，他已脫離天主教教義，而有損其父形象地成爲自由主義的清教徒。

愛倫坡的作品深受波特萊爾、馬拉美和凡爾納喜愛，他將「奇幻」發揮得淋漓盡致，竭力發掘神祕「外界」。波特萊爾選擇唱出「雙面人」，馬拉美轉往形而上的禁慾；凡爾納則偏好人物化解自身雙重性，將抽象想法轉爲實際行動。不久他就成了實證主義者。

德國作家暨作曲家霍夫曼(Ernst Theodor Amadeus Hoffmann，1776-1822：上圖為自畫像)，將最奇幻的形體展現在真實生活中，作品影響了19世紀的奇幻文學。還有愛倫坡(1809-1849)，馬拉美說他是「天使，賦予此類文字更純正的意涵」：他啓發凡爾納認真思考時間與死亡的主題。

MAITRE ZACHARIUS

OU

N AME. — TRADITION GÉNEVOISE (1).

「我四分之一世紀的人生，就在七樓凝視這條大道上的美好事物」

1853年初，他住進好消息大道(Bd Bonne-Nouvelle)18號，同一層樓還有他南特的老友伊尼亞(Aristide Hignard)，是位年輕作曲家。兩人共用一件外出禮服，雙數日你穿，單數日我穿，沒什麼大不了！

莒勒沒有錢嗎？他還買了鋼琴！當他父親表示關切時，他回應：「別說我揮霍，這鋼琴值25法郎，每個月只要付5法郎就好。」父親不再多說；其實正是他培養了莒勒從小喜愛音樂的興趣。莒勒就像《海底兩萬里》(譯註：此處爲古海里，本書所指深度近11公里)的尼莫船長，花許多時間彈鋼琴。

1853年4月，馬里伏式獨幕輕歌劇《情愛捉迷藏》(*Colin-Maillard*)，配上伊尼亞的音樂，在抒情歌劇院上演。但伊尼亞不是奧芬巴哈(Jacques Offenbach)，所以劇作家梅耶克(Meilhac)和阿雷威(Halévy)後來的際遇，並未發生在凡爾納身上。

住在好消息大道的菩勒，時常邀一群單身漢——他戲稱是「11個光棍」——來家裡聽音樂用晚餐，然後打牌打到天亮。其中有畫家巴吉爾(Bazille)、音樂家塔列西(Talexy)，以及伊尼亞、德利伯(Léo Delibes)、馬塞(Victor Massé)等作曲家。

「我總算搬家了，搬到好消息大道18號，有120級台階，外加埃及金字塔般的視野，我四分之一世紀的人生在這兒看盡大道的美景。」

宮廷派與田園派的馬里伏文體

1854年1月，菩勒到南特參加省議會議長德拉莫特(Janvier de la Motte)的化妝舞會。他一身奇特好笑的波希米亞裝扮吸引眾人的目光。他自己則特別注意一位少女，她穿著鯨魚圖案的上衣，悶悶不樂；好起鬨的巴黎作風讓菩勒當著少女母親的面驚呼：「啊，我竟無法捕捉您肋骨上的鯨魚！」雖然迷住了少女，但勉強擠出笑容的母親還是把這狂徒給趕跑了。

菩勒非常生氣，回到巴黎後更加厭惡自己的家鄉，爲何不能接受他是個藝術家。

他寫信給母親：「你要我和誰結婚，我就和誰結婚。我要娶那閉著雙眼、荷包大開的[…]」，他還說：「幫我找個駝背有年金的就行了，等著瞧吧！[…]總有多金少女會搞錯的。」只要母親稍微認眞一點，他就開始挑剔：「艾露薏小姐像支充塡飽滿的火槍，我可不想來個一觸即發。[…]至於要我和克里奧妞結婚一事，簡直就像維蘇威和艾特納火山的結合，謝啦！咱倆揮霍起來的威力可是會呑噬龐貝城和赫庫蘭努城的，遑論那15000元的年金了！」

其實莒勒滿腦子浪漫思想，表面上玩世不恭，心裡卻十分著急。奮力搜尋但臨陣脫逃，剛跨一步又退一步，寧願心如止水。

莒勒是個性浪漫的世家子弟，富有波希米亞精神，活潑樂天，愛笑也愛開玩笑，這是他在大仲馬和小仲馬父子的社交圈裡學到的。他的生活圈就在好消息大道與大道兩旁的咖啡館，周旋在劇場與作曲家朋友之間。

「不，再也不要處女了！」

莒勒看著「11個光棍」一個個結婚，看著他們的「送葬

隊伍」從眼前經過，他「很激動，怎麼說呢，狂笑連連，一直笑到」他們的「喪禮」，然而……

1856年，他去亞眠參加朋友勒拉吉(Lelarge)的婚禮，認識新娘的姊姊：年齡相仿的迷人寡婦歐諾琳(Honorine Deviane)，這個性活潑的外省女子教莒勒想起表妹卡洛琳。直爽的性格、出人意表的談吐，在在吸引這位28歲的文字遊戲者。歐諾琳26歲，有兩個小女兒：瓦倫婷和蘇珊。

這次要如何才能被亞眠美女的中產家庭接受呢？歐諾琳的哥哥讓莒勒有了主意：他是證券經紀人，這樣的身分讓年輕浪子的眼中閃現一絲貪婪，隨即變得務實起來。莒勒得拿出五萬法郎，才能成爲證券經紀人，擁有四分之一的業務。

他從兩個地方下手：他先讓母親相信這樁婚姻可以帶來穩定收入；接著，雖然他斷然拒絕成爲父親的接班人，但也承認不能只靠文學工作維生：「我一定會成功的，因爲我絕不會停止創作，而且越專業越吸引我。但是我需要身分，可以拿得出去、秀給那些不接受作家的人看

領教基佐(Guizot)及他著名的「發財致富」言論，拿破崙三世也想促進金融發展，做一番大事業。股市發展的程度已足以吸引部分藝文人士參與；凡爾納也在其中。這幾年的生活使他後來一直以尖刻的態度面對金融界、商人與掮客。為了對抗這些人的唯利是圖，他創造出偉大神祕的億萬富翁——將財富投注在自己的理想上，完全不擔心會破產。

的身分[…]。我絕不願像幾位朋友那樣，年紀一大把了，還得追著五法郎的劇本跑。」

拿出五萬法郎給這個思想古怪的孩子？父親很猶豫，這項抉擇很大膽，但他還是答應了。私底下，他對兒子在文學上的初期表現感到驕傲，輪到他來冒個險伸出援手了。

1857年1月10日，凡爾納和歐諾琳在巴黎結婚，搬到魚販大道8號。她想要很快征服首都；有個丈夫在戲劇界，可是再理想不過了！但莒勒的目標已定：他要成為小說家，就算兒子米歇爾於1861年8月3日誕生也無法改變。

艾采出版由葛杭維(Grandville)繪製插畫的《動物的團體生活與隱私》，奧芬巴哈(1819-1880)也在他的音樂裡忠實反映第二帝國時期的巴黎精神：稍嫌誇張、戲謔仿作，以及百年來的嘲諷習性。

告別「11個光棍」，踏入股市交易圈

凡爾納買下埃格利(Egly)公司的經紀人股份，向父親保證要連本帶利賺回來。巴黎的證券交易所內有一排廊柱，右邊聚集著作家與劇場的愛好者，莒勒也參與其中，還有小仲馬，偶爾可見到大仲馬、馬洛(Hector Malot)、《家庭博物館》總編輯瓦律(Charles Wallut)、劇場負責人莒克內(Duquesnel)和德卡達亞(de Cardaillac)等，以及卡斯(Casse)神父，他坦率的言論常惹得大家哈哈大笑。幸好有這些人！因爲金融圈是沒啥文學氣息的。

未來這個共和國的準則，
就在於發現地球、認識其他民族、注重科學、
教育大衆，以及灌輸兒童道德教育。
凡爾納展現各式新奇想法，
試圖讓人類的文明發展永垂不朽。
這時的他32歲，已婚，育有一個兒子，
陸續發表七部劇本及五部短篇小說。
他的另位固定夥伴則是出版商兼編輯艾采(Pierre-Jules Hetzel)，就是他推動出版「科學小說」。

第二章

奇妙之旅

「快樂是我的個性，這是伏爾泰的錯；悲慘是我的隨身行當，這是盧梭的錯[…]。他不是孩子，也不是成人，而是個奇特的仙童加夫羅契。」

雨果

《悲慘世界》，1862年

Promenade
De Dieppe
Aux Montagnes d'Ecosse
Par Charles Nodier.

1861年6月，伊尼亞弄到兩張從波爾多開往英國的減價船票。莒勒和伊尼亞上了船，歐諾琳則回到亞眠的娘家。

「彷彿有隻超自然的手在引領這艘船」

這位小說家的記事本裡寫滿關於船員、開船和對船長的感想，後者的責任重大尤其令他著迷。他發現了船的靈魂以及對抗大自然各種力量的孤獨。蘇格蘭的多霧景色以及芬加爾(Fingal)的深邃海蝕洞，則讓他想到詩人史考特(Walter Scott)。

他和伊尼亞的第二次旅行，去了北海的丹麥與荷蘭海岸。他明白自己從這些漫遊獲得的收穫：「旅遊是爲了親眼看見[…]。現在，該是打道回府的時候[指兩位主人翁]，回程才是他們眞正遊歷的開始，想像力自此將引領他們在回憶裡遨遊四方。」

20年後，凡爾納根據蘇格蘭之旅(上圖是芬加爾海蝕洞)的筆記，寫下《黑印度》(*Les Indes noires*)，將蘇格蘭礦場底下的一段愛情刻畫成帶有傳奇色彩的故事。他本來想發展出神祕的英格蘭地底世界，是艾采勸他打消念頭。這個點子後來被英國小說家威爾斯(H.G. Wells)用在《時光機器》裡。

空中旅程

1860年起，凡爾納悄悄離開各種沙龍聚會，也越來越少去交易所。他閉關起來創作第一部長篇小說。歐諾琳很擔心：「紙，紙，到處都是紙！但願最後不會全拿去當柴燒了！」但莒勒已被想像力帶著，登上了熱氣球。對此，小仲馬十分鼓勵他；當他念完初稿時，他知道自己長久以來預言的「科學小說」出現了。

他還促成這位年輕作家與出版商艾采見面。艾采曾是拉馬丁組閣時的辦公室主任，後遭拿破崙三世放逐，1859年獲大赦返國。凡爾納交給他《天空之旅》(*Un voyage dans les airs*)的手稿。

雨果寫信給斯塔(Stahl)——這是艾采當作家時的筆名：「您先是我的朋友，然後是我的書商，當然，也是我的同道！不折不扣的詩人……但這不妨礙您成為積極有禮的商人，因此我仰慕您。」

給兒童看的文學作品

艾采跟所有堅持「教育是世俗、免費與義務的」人一樣，堅信共和國的勝利，必須靠傳授倫理道德給年輕人而得以確立。流浪歸來以後，他大幅增加創作適合全家人看的讀物。他認爲道德並不只是教導各式箴言，就像塞固(Ségur)伯爵夫人書裡那些「愚蠢的文句」。他不要

造就少年皇帝，而是要培養思想自由的公民：兒童必須吸收科學與歷史領域的必要資訊，眞切認識這個現代世界。

1863年，青少年文學仍然受教會掌控，例如在杜爾(Tours)的曼姆(Mame)出版社；他們專爲兒童出版宗教讀物，讓艾采氣得熱血沸騰，他抨擊「這些唯利是圖的作者，以寫出要多少有多少的書本爲業，盡是些無味無臭、平淡無奇、愚昧至極的作品」。

《熱氣球上的五星期》

凡爾納交給艾采的故事寫得不好，風格在通俗喜劇和雨果式奔放抒情詩之間搖擺不定。然而在這個熱氣球飛越非洲的故事中，卻出現一些風格與形式上的新東西，堅持正確表達關於地理和駕駛熱氣球的技術，亟欲讓讀者明瞭探險與科學發明的歷史。

艾采雖興奮但也不乏批評。而做事認眞有條理的凡爾納，則是應

凡爾納極力鼓吹行動的多變性，而人物不過是旅者。從《熱氣球上的五星期》開始，他的主角都是英國人。與法國人相比，有更多英國人在大探險時期之後從事偉大的旅行。凡爾納喜歡他們那種航海人的特質、冷漠的性情，尤其是俱樂部，那是許多小說的起點。不過他不喜歡他們在殖民地表現出的自私與殘酷，這在小說《無名家庭》(*Famille sans nom*)中多所披露。

他的要求把「氣球」改了又改：拿起鉛筆快速修改一番，改好以後再用墨水謄寫，送給艾采刪改加註，然後重新接受指教，聽從要求。

當艾采總算滿意之後，這第一部小說《熱氣球上的五星期》(*Cinq Semaines en ballon*)就出版了，立刻造成轟動。瓦律在《家庭博物館》發表評語：「這是愉悅多於奇幻的愛倫坡」。

鳥瞰非洲

凡爾納這第一部「在已知和未知世界漫遊」，包含了日後成功的所有要素。主人翁弗格森(Samuel Fergusson)兼具活力與幽默感的學者形象，「被創造發明的魔鬼附了身」——簡直就是賈克・阿拉戈的化身：「把時間用來探索未知，好過高談闊論」。

故事的布局神祕，從一開始就抓住讀者的注意力：一連串打賭全爲了「那場冒險之旅[…]，是否眞有弗格森博士這個人[…]，他到底能不能成功[…]。大家不管相信與否、有沒有學術背景，都把目光集中在博士身上；他在不知情的情況下，頓成當紅炸子雞。」博士身邊的同伴，一個抱持懷疑態度，另一個則是天眞老實，這跟其他類似

艾采(1814-1886，下圖)的父親是阿爾薩斯人，母親是博思人(Beauce)，自稱「生於兩座大教堂之間」。1852至59年，艾采在流亡布魯塞爾期間，出版了雨果的作品：《小拿破崙》與《沉思集》。回到法國後專門出版家庭讀物，與馬塞(Jean Macé)共同創立附插圖的32頁半月刊《教育暨娛樂期刊》，以連載方式刊登長篇小說與通俗的科學文章。自1865至1912年間，凡爾納的62篇《奇妙之旅》有40篇發表在這本雜誌上。

的故事一樣；對話來自他們永不停止的好奇心。

內容上，歷史與科學文獻、行動與冒險，以及由風景與自然引發出的抒情成分，不停交錯出現：「駭人的狂風不斷襲來[…]，簡直像來自超大型電扇。[…]綢衫被風鼓動得不停拍打。突然響起一陣喧鬧，冰雹從空中落下，劈哩啪啦打在『維多利亞號』。[…]一道道閃電像著了火似的畫出許多燃燒切線。」

每個舉動的意義、每個元素的力量、主角的活力，還有聲音、顏色、效果的運用、精準的用字，在在表達了出版商所要傳達的感情，也抓住讀者的心。

「朋友們，現在你們了解，只要嘗試過這樣的移動方式，就會永遠想著它。下一次出發時，我們仍會不斷升高，筆直前進，絕不繞路而行。」

《熱氣球上的五星期》

「我會盡量堅守地理與科學的領域」

但其中仍脫離不了一般的看法與不成熟的結論，不過，這些觀點對當時的殖民公司倒是挺有用的。

凡爾納雖然具有共和國的人道主義想法，但也和他同時期的人一樣，看待黑人的態度並未隨廢除奴隸制度而消失：黑人是很乖的野人，也是很好的僕人——女人有的時候也是——他們是頭腦簡單、大喊大叫、有原始信仰、會犯謀殺案的笨蛋，而且都「像猴子般會模仿」。

然而昔日的「黑鬼」已不再是次等人種，不久之後，其他地方的人會和西方人一樣，在《奇妙之旅》中，以其豐富的大自然知識而獲得器重賞識。

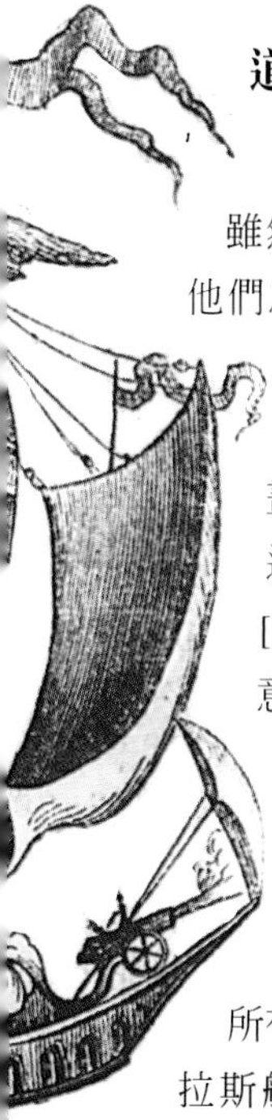

道德、教育和想像力

雖然凡爾納和艾采的相遇有如天意，但他們之間仍時有衝突。繼「熱氣球」遊記後，這位作者向出版商提出《20世紀的巴黎》(*Paris au XXe siècle*)寫作計畫，描述一位詩人的命運。艾采不留情面退他稿：「你的口吻[…]像個市井小民[…]，把任何稀鬆平常的事都當成令人滿意的大發現[…]；這是寫給《小報》的東西，而且題材不討喜。」其實凡爾納在文中展現了異常清晰的觀察力，預見20世紀末講求效率的社會將會威脅文學與人性的生存，兩者會被金錢排除在所有社會契約之外。艾采收到傑出的《哈特拉斯船長歷險記》(*Aventures du Capitaine Hatteras*)之後，於1864年1月和凡爾納簽下第一只合約：「凡爾納先生每年至少得交兩本書給艾采先生」。

這只是開始。艾采隨後與教育界的話題人物馬塞合作，他是推動義務教育與宗教分離的激進份子。

以攝影作品聞名的納達(Nadar，筆名，本名是Félix Tournachon)，成立「運用比空氣重的裝置空運促進會」，凡爾納擔任監察員。為了驗證升空技術的極限，他建造碩大無比的氣球「巨人號」，還曾因此失事受傷。納達個性鮮明，凡爾納月球之旅的三個太空人之一：阿丹(Michel Ardan)，即以他為原型。Ardan即Nadar字母顛倒變化而來。

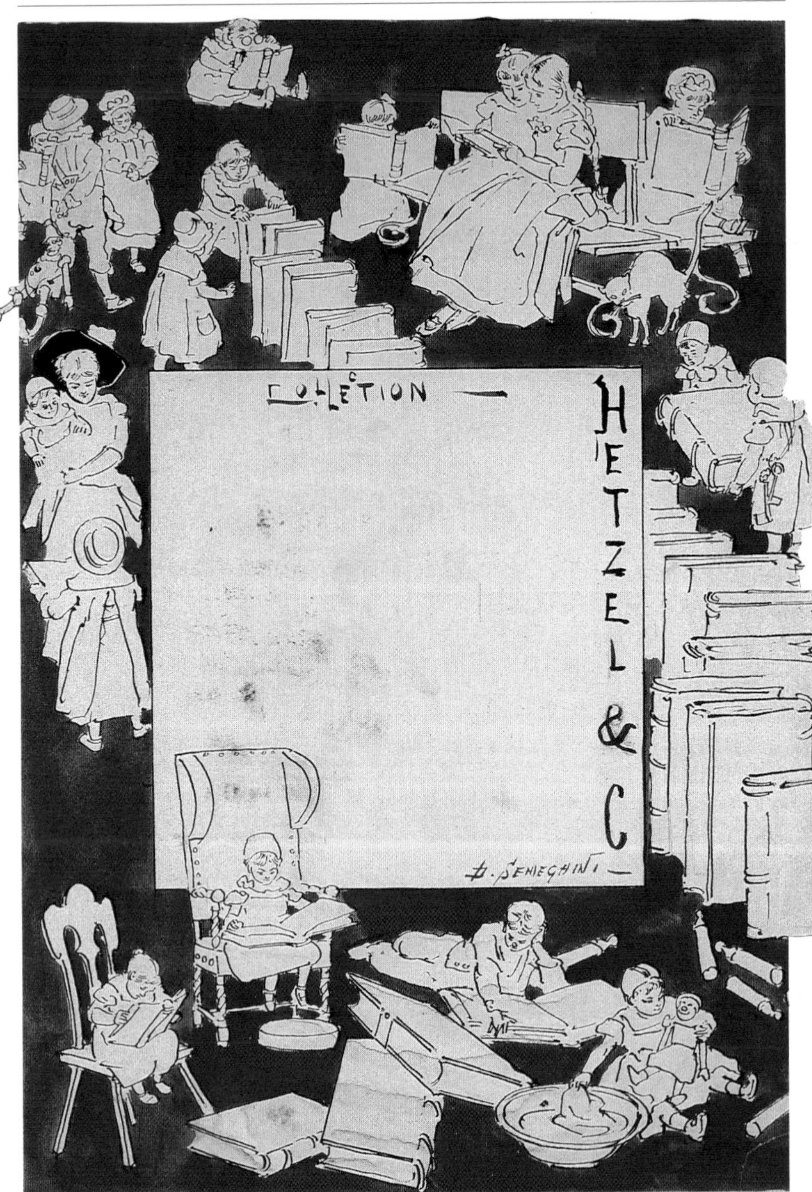
COLLECTION
HETZEL & C
D. SEMEGHINI

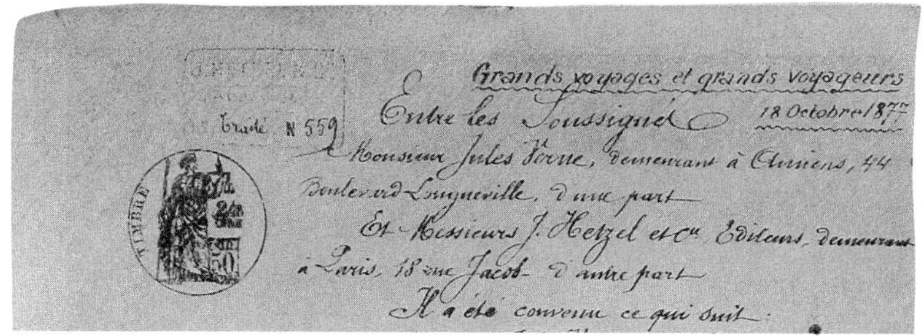

Grands voyages et grands voyageurs

Traité N 559

Entre les Soussignés 18 Octobre 1877

Monsieur Jules Verne, demeurant à Amiens, 44 Boulevard Longueville, d'une part

Et Messieurs J. Hetzel et Cie Editeurs, demeurant à Paris, 18 rue Jacob d'autre part

Il a été convenu ce qui suit:

1863年4月，他們創辦《教育暨娛樂期刊》，艾釆在創刊號的序言寫道：「運用文字的本義建立家庭教育，它必須既嚴肅又吸引人，不僅父母喜歡閱讀，對兒童也有幫助。」艾釆是嚴肅的道德家，馬塞是戰鬥型的教育家，所以凡爾納的想像力與浪漫精神可彌補期刊的不足。他的出現構成全方位團隊——他還是該刊物的藝術指導之一。

巴黎的最後時光

凡爾納夫婦搬到巴黎16區的奧特伊(Auteuil)。這位作家不僅有好幾個計畫，還同時進行數篇稿子，科學資料的蒐集更是從未停止，數量多達數千條。他照樣和朋友見面，舉辦一些流於嬉鬧作樂的餐會，戲劇則拋

諸腦後。

作家夫人希望他躋身名流，但他迴避一切不屬於自己的東西；抱持汲取靈感的輕鬆心態來結交朋友，其他時間則寫作，享受與出版商互相腦力激盪。

兒子米歇爾兩歲了，狹小的公寓沒有多餘獨立空間，莒

馬塞(左圖)這位致力於國民教育的鬥士，於1866年創立教育聯盟：「我的宗旨始終是關於普選訓練。」令他氣憤的是：「至今在不列塔尼，還有地主、老闆組成反教育聯盟，專門雇用目不識丁也不會寫字的文盲……。」

勒又正在創作新小說，一點小事都能讓他發脾氣。他工作時絕不能被打擾，尤其受不了小孩的哭聲。

凡爾納的狗叫做福來(Follet)。他小說裡的狗則叫Wagram、Marengo、Diane、Satellite、Top、Dingo、Serko，還有哈特拉斯的這隻「狗船長」杜克(Duk)，全體水手公認牠是船上唯一的老大。

哈特拉斯船長的瘋狂事業

1863年6月26日，莒勒寫信給艾采：「我剛加了把勁，促成佩爾什人(Perche)與諾曼地人相遇[…]。目前正寫到緯度80°、零下40℃的地方，寫著寫著就感冒了。」領航的是位不露面的船長。舵手的身旁有條動也不動的大狗，目光遙視著地平線。船長用神祕的紙片傳達命令。船隻消失在極地的冰山中。

船長最後終於現身，原來他的目的是想成爲第一個抵達北極的人！疾病、嚴寒、饑荒、死亡、磨難、孤獨，這些都動搖不了哈特拉斯船長的意志。最後他被全體船員遺棄，浮冰上只留下他和神祕的同伴克勞伯尼醫生、忠心的木匠、水手長，以及大狗杜克。眞是寧死不退，拚了命要達成目的。

經過14個月的漫長驚險之旅，哈特拉斯終於戰勝困難，征服了

北極，但做出種種毫無理智可言的舉動後，他最後竟在極地深淵發瘋了。

凡爾納將北方的磁場塑造成活火山，也是地球軸線的起點。他從第二部作品開始，就讓主人翁沉浸在幻想中。哈特拉斯爲此付出代價；克服了極地的寒冷、逃離了火山爆發，他最後終老倫敦的精神病院。

從地心到月球

凡爾納既已來到火山口，何不一探究竟；所以繼哈特拉斯之後，他重新組個三人小組，成員有學者、懷疑論者和老實人。探險歸來，年輕的阿克賽(Axel)說：「地獄不存在，我只看到岩層、物質與無數夢想。」他是黎登柏克(Liddenbrock)教授的學生，他們一起進入地心。

在凡爾納的前三部小說中，「學者」是頭腦清楚的觀察家，饒富興味地看待自然界的各種奇妙現象；他深入地心，達觀地看待神奇的世界起源，那裡是火與鍛冶之神赫菲斯托斯(Hephaistos)的領土。

「哈特拉斯揮舞著旗幟[…]火山口噴出的熱氣在這面紅布上形成許多長長的皺褶。」
《哈特拉斯船長歷險記》

征服太空，航向月球，一直是人類數千年來的夢想，若想實現，就得有大量的火焰、金屬與火藥。1864年，凡爾納在《家庭博物館》發表有關愛倫坡的長篇文章，他不無遺憾地表示，作者撰寫《漢斯·法爾前所未有的冒險——月亮篇》，並未就主

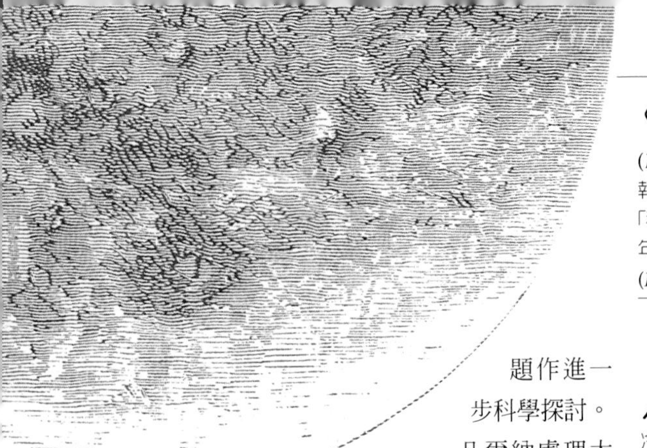

題作進一步科學探討。凡爾納處理太空之旅，力求內容正確無誤，這一點多虧了表哥葛賽(Henri Garcet)的幫忙，他在巴黎亨利四世高中教授進階數學，此外還參考弗拉馬里翁(Camille Flammarion)1862年出版的《眾多可以居住的世界》。總之，《從地球到月球》(*De la terre à la lune*)和《環繞月球》(*Autour de la lune*)描繪的科學發展十分精確合理。多年以後，美國作家咸認是凡爾納開創出科學幻想文學的文類，稱爲「科幻小說」(Science Fiction)。

寫小說就像開墾荒地

凡爾納很用心蒐集資料：「開始構思每篇故事前，我會從各類書籍、報章雜誌或科學報告中，整理出繁多的筆記。」他的調查範圍包括當時各種新發現，並賦予它們後續發展。

他的作品如同油畫，堆積了層層色彩。他能連續改寫七次，刪去某些章節，重新爲人物命名。他穿梭

《從地球到月球》先在《論壇報》(*Débats*)上連載。這份報紙共刊出凡爾納四部「科學」小說，包括1886年的《征服者羅比爾》(*Robur le Conquérant*)。

凡爾納運用想像創造出減速火箭和冷凍乾燥的食物，他將衛星送入軌道，使1827年發現的鋁成為基本金屬，在太平洋回收砲彈……還在佛羅里達的卡納維拉角(Cape Canaveral)附近架設大砲投射器，在加州帕洛瑪山架起巨大天文望遠鏡：40至100年後，它們一一實現，因此在美國，凡爾納被譽為「科幻小說之父」。

於時光之中，與偶然和必然打交道。他創造出虛擬世界，在探險遊歷中設想人類的命運，在他的宇宙裡，自然的元素具有永恆性和偶然性，帶有天意。對世界充滿好奇想像的人類爲地球劃出格子，以更精確的科學爲我們的星球繪製地圖。

DE LA TERRE A LA LUNE

TRAJET DIRECT

EN 97 HEURES 20 MINUTES

PAR

JULES VERNE

41 DESSINS ET UNE CARTE PAR DE MONTAUT

凡爾納之前的幾篇月球遊記純粹只是想像之作，並非科技新知的延伸。繼他之後，威爾斯在《月球上的第一人》塑造出頗為奇特的亞硒酸鹽人(Selenites，左上圖)。

法國天文學家弗拉馬里翁(1842-1925，下圖)在天體運行上提出重要研究，而為一般大衆撰寫的《大衆天文學》尤其使他出名。

所有的科學與技術都轉向追求新發現；從《神祕島》的史密斯(Cyrus Smith)改造最簡單的耙子，到《上下顚倒》(*Sans dessus dessous*)的「大砲俱樂部」爲了移動地軸而引發原子彈規模的爆炸，凡爾納以科學爲工具；但科學也和大自然一樣，既爲人類帶來好運，也帶來災難。

雖說整體的和諧有賴於個體的平衡，但後者的維持必須依靠社會狀態、人在都市中的位置，以及與他人的關係等許多難以操控的要素。

「索姆的苦役」

有一陣子凡爾納中斷寫作，往返於巴黎和索姆灣(Somme)的勒柯托(Le Crotoy)之間；他從1865年起在那兒租了房子。

「我做牛做馬一樣工作，你可以想像我在編

LA LUNE

月球的繪圖，帶給凡爾納一連串譬喻豐富的形象。

「這是片寧靜海，少女俯身其上，夢幻湖為她映出明亮的未來！盡是瓊漿玉液，有溫柔的波浪與充滿愛意的微風！這片海洋既多產富饒又處處危機，一片氤氳掩蓋了或許極為狹小的實體：無論如何，浩瀚的寧靜海吸收了所有虛假的激情、無用的空想、未完成的計畫，只見它平靜的波浪流向『死亡』之湖。」

《環繞月球》

字典嗎！沒錯，一本嚴肅、有插圖的法國地理字典！」他在給父親的信中寫道。他的妻子也參與這項工作，替他抄寫數十頁。

1868年4月，地理字典一完成，他就向艾采提議撰寫一部長達八冊的「偉大的旅行家與旅程的歷史[…]，介紹所有大旅行家，上自希羅多德、漢諾(Hannon)，下至李文斯頓(Livingstone)、斯坦利(Stanley)」。

凡爾納獲得地理學家馬塞爾(Gabriel Marcel)的幫助，選用「最接近眞實的文獻資料」，有條不紊地匯集大部分原始資料，來源是巴黎國家圖書館和地理學會——他是會員。最後定稿在勒柯托完成。

這項工作自1868至78年持續了十年。整套書有如字典，收錄許多滿懷熱忱書寫的說明，描述海陸運輸技術的演變。他還介紹一些探險家，細述他們的貢

「我很慶幸能在目前這個世界找到介紹各種主題的字典。」

《麥克盧爾雜誌》
1894年1月

獻，闡釋關於各民族及其風俗的知識。

凡爾納的科學小說，主要是1863至73年間，《奇妙之旅》系列的前十部作品，同時進行的其他研究則爲地理小說系列，架構出基礎的歷史。

「我非常喜愛美國和美國人」

雖然凡爾納是工作狂，但仍抽出時間去了趟美國。1867年3月，一次難得的機會，他和弟弟保羅搭乘當時最大的客輪「大東方號」前往美國。

這艘龐然大物是工業史上的象徵，代表當時運用科學與技術的發展，任何事都有可能實現。凡爾納的靈魂也在此找到共鳴，他以這次的旅行與沿途做的筆記，完成稍後出版的兩本小說：《漂浮的城市》(*Une ville flottante*)和《機器島》(*L'Ile à hélice*)。

兩兄弟在很短時間內遊歷了紐約和尼加拉瓜大瀑布。這是他與美利堅合眾國僅有的一次接觸，激起了他對新大陸的仰慕，此後美國在他心中，就成了人性邁向美好境界的希望所在。

凡爾納有時在勒柯托港寓所的書房或花園涼亭裡，進行他包羅萬象的編纂工作，同時也不忘蒐集各種發明的筆記資料。後來，他在波士頓《麥克盧爾雜誌》的訪談中，說到自己能夠「觀看機器運轉，一站就是好幾個鐘頭，成了我畢生的興趣。直到現在，注視運轉中的蒸汽機或漂亮火車頭，宛如欣賞拉斐爾或柯列治的畫作，帶給我無窮的樂趣。」

「未來尚不令我擔憂，反倒是現下偶遇困難」

凡爾納在勒柯托度過好幾個夏天，1869年和歐諾琳定居此地。以他的能力，在此地獲得的空間與舒適遠勝巴黎：「在這裡生活比較容易，也更寬廣，我的世界看起來很幸福。還有什麼好猶豫？」獲得平靜的他活力倍增，而且，他現在可以直接接觸大海。

此外，新居離亞眠很近，歐諾琳可以常回娘家，也比較容易接受搬離首都這件事。她的女兒瓦倫婷和蘇珊已經17、15歲了，比較喜歡住在寄宿學校。

8歲的米歇爾變成「勒柯托的小霸王」，後來也送到亞布維(Abbeville)就讀寄宿學校。

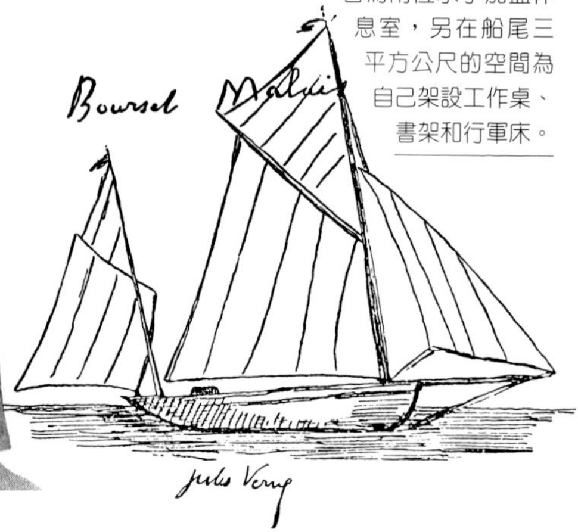

「聖米歇爾一號」(1868-76)是在勒柯托建造的小艇，用於近海捕魚。莒勒在船首為兩位水手加蓋休息室，另在船尾三平方公尺的空間為自己架設工作桌、書架和行軍床。

上圖「大東方號」是當時橫渡大西洋的最大客輪，有七根桅桿和12張帆，還有10個蒸汽機，用來驅動兩個葉片直徑20公尺的船邊明輪，和一個半徑四公尺的螺旋槳。歷任船東有的破產，有的跳船自殺。成為客輪之前，主要用來放置連結美洲與歐洲的海底電纜。

凡爾納和當地漁民很熟。他一生共擁有三艘船，買下第一艘「聖米歇爾一號」時，在兩位水手佛瑞德(亞佛瑞德)和山大(亞歷山大)的陪伴下，沿著英法海岸，航行於英吉利海峽和大西洋上。大海給了他新的靈感。接下來的20年，由他擔任船長。

自由、音樂與大海

Mobilis in mobile：「在變動中變動」。凡爾納的「鸚鵡螺號」哪兒也不去，唯一的目的是沉到海底。可以確定的是，這艘革命性艦艇的船長不是普通人——這個天才工程師知道如何操控電力，擁有取之不盡的動能，就像後來核能潛艇的原子電池。他也是離群索居的億萬富翁，守著自己心碎的祕密，這個「無名小卒」就是尼莫(Nemo)船長！

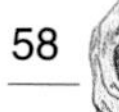

又來個瘋子？自大狂？到海底做什麼？他觀察那個占據地球三分之二的未知世界，在不損害他人權益的情況下，將它占爲己有。他敏感、有智慧，對待囚犯也很客氣有禮。凡爾納曾向艾呆解釋：「我做人寬厚，從來不讓任何角色毫無來由殺人。」

其實，尼莫有能力像天神朱比特一樣舞雷弄電，或者仿效海神尼普頓令船隻翻覆。他必須保護自己，捍衛他的目標。他的旗幟全黑，中心思想叫「獨立」。

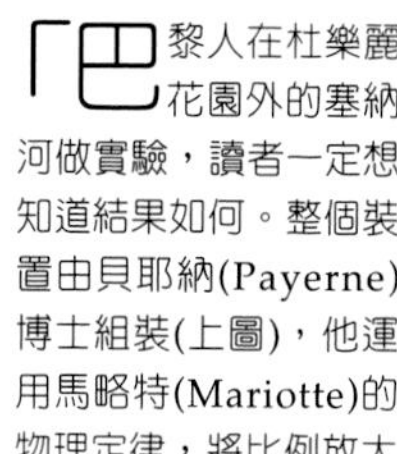

「巴黎人在杜樂麗花園外的塞納河做實驗，讀者一定想知道結果如何。整個裝置由貝耶納(Payerne)博士組裝(上圖)，他運用馬略特(Mariotte)的物理定律，將比例放大[…]，這艘潛水艇使用七公釐厚的鐵板，加熱後以鉚釘固定，再一一壓平。」

《畫報》
1846年

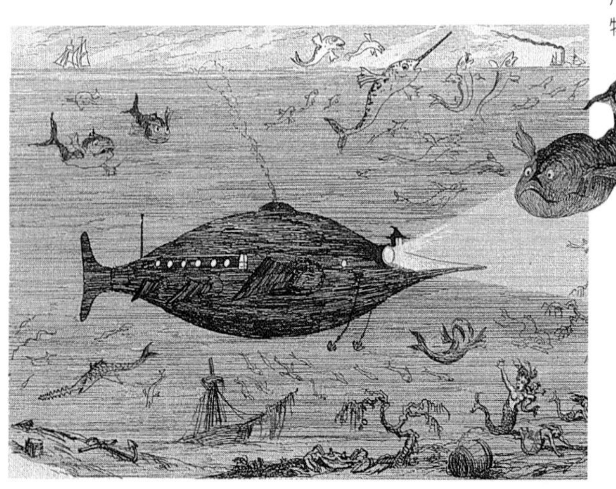

爲什麼凡爾納對這個無政府主義者如此感興趣？關於尼莫，他向出版商這麼解釋：「讀者會依自己的個性

19世紀下半葉，潛水艇的實驗蔚為風潮。

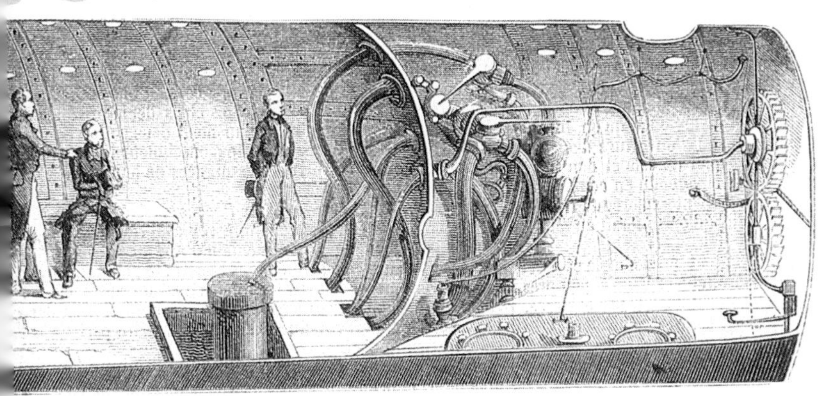

做出不同推論」；故事最後「鸚鵡螺號」失蹤，保留了完整的神祕感。失蹤的原因在三年後的《神祕島》(*L'Ile mystérieuse*)中揭曉。單獨留在「鸚鵡螺號」的尼莫以人類之名獲得獨立，征服海底世界，後來被火山熔岩永遠封住，好似遭綁縛的希臘神祇普羅米修斯。

「說不出心裡的話」

莒勒在給艾采的信中好幾次表示自己不善於談戀愛，但這個缺點不也造就他其他優點？他創造的英雄人物都滿懷熱情追求夢想，遠離無關緊要的瑣事。激昂的心靈除了常見的心理問題，難道就不能有別的痛苦？

他向艾采抱怨妻子不再搭理他，

「我的眼前竟然出現一座已遭摧毀的城市，斷垣殘壁，神殿傾圮，拱門支離破碎，斷柱橫陳[…]；更遠處，綿延的城牆崩塌殆盡，寬闊的道路一片荒蕪，簡直是深藏在水中的龐貝城；這就是尼莫船長在我眼前重現的景象。我在哪兒？這是哪兒？我急切地想知道答案，我想開口說話，我想扯掉套在頭上的圓形銅罩。這時，尼莫船長靠過來用手勢制止了我，隨後撿起一塊白堊石，向前在黑色玄武岩上寫下：亞特蘭提斯。」

《海底兩萬里》

「就像船兒失了舵」。歐諾琳也向這位出版商吐露：「我討厭我先生。」

嫁給達斯尼耶的艾斯黛・艾南，會不會就是「斯蒂拉」那位神祕情人，也就是糾纏《喀爾巴阡古堡》(*Le Château des Carpathes*)的那團鬼火？還是《隱身新娘》(*Le Secret de Wilhelm Storitz*，又譯《威廉・斯托里茲的祕密》)中變成隱形人的幻影「米拉」？

在凡爾納的作品裡，很難找到和女性有關的神話。上述兩部作品出版於1886至1901年間，可以說作者很晚才將「失去愛」的感受透過文字表現出來，但是這倒也提醒了我們，他絕對是受浪漫主義影響的作家。

以虛構爲藉口，其實是對現象的認知

凡爾納時常造訪巴黎。1870年普法戰爭前夕，他搭乘「聖米歇爾號」溯塞納河而上，停泊在藝術橋。下船後繞過法蘭西學院，走塞納街轉雅各街，進入18號大門。從河岸上來五分鐘就到艾采的家。

作家與出版商一起討論修改工作並審閱插畫，參與的插畫家包括：班奈特(Benett)、希烏(Rioux)、德那威(De Neuville)、費哈(Ferat)等人。凡爾納和艾采都認爲他們極其重要，版畫必須貼近文章內容。當時還沒有電影和電視，全靠生動的繪圖勾勒出布景、人物與曲折過程，引領讀者發揮想像力。

艾采為《奇妙之旅》系列找來插畫家希烏、費哈、德那威、拜雅(Bayard)、胡(Roux)和班奈特，以及最優秀的版畫家：希德布蘭(Hildebrand)、潘麥克(Pannemaker)、巴邦(Barbant)……

午餐時，兩人來到卡紅(Caron)咖啡館，艾采在那兒有專屬的桌子。馬塞有時也會加入，討論《教育暨娛樂期刊》的走向。

他們認爲，激發讀者的好奇心最重要。在《哈特拉斯船長歷險記》中，可以看到當時所有關於極地探險的詞彙；《地心遊記》(*Voyage au centre de la terre*)則有如礦物學手冊；《海底兩萬里》(*Vingt-Mille lieues sous les mers*)更囊括了當時所知的海底動植物。當然，凡爾納和艾采並不奢想會有兒童記住這些領域的成串資訊，因爲重點是讓年輕讀者知道這些東西確實存在、這些事件確實發生；人類的歷史是一連串事件

與持續研究累積而成。他筆下的篇章使人愛上知識。把故事比作照片，他的文字就是必須的曝光時間；這奇異的港灣能在任何情況及任一時刻，引人進入知識的殿堂。

凡爾納的作品不屬於童話。這類作家如佩羅(Perrault)、波蒙(Beaumont)女公爵、格林兄弟，都從騎士文學、鬼怪傳說與大眾口述文化等爲數可觀的原型中獲得靈感。凡爾納則是在百科全書與童話之間，彌補上缺少的環節。他賦予眞實和夢想同等的地位，以15年時間顚覆了三個世紀的神鬼傳說。

雖是科學作家，但總算出現詩人色彩

並不是作品中的「預言」給了凡爾納科學作家身分，使他在剛出現的宇宙起源科學中占有一席之地。處在實證主義的時代，他了解科學裡的技術成果與實際運用在大眾眼中，要比理論上的研究更有價值。科學

凡爾納一生都為顏面麻痺的症狀所苦。他寫信給母親：「[我才]在學校的講臺上做了大犧牲，我為了要好好抓一抓我的下顎，把鬍子全剪了。我和瑪蒂德[他妹妹]像透了，我有她甜美的微笑、她的希臘下巴、笑意盎然的嘴；我看起來真是可愛、可愛、太可愛了。」

給予尼莫足以化想像爲眞實的工具。凡爾納在成爲另個普羅米修斯前，是運用技術爲創新服務的工程師。

即使在最瘋狂的虛構故事裡，凡爾納仍保有一絲眞實的氣息，在造就奇蹟時也不會背離該有眞實性。他在容易理解的具體基礎上，幻想出「不一樣的人」，而他所處的時代可使這個人更理想化。他以荷馬等古希臘詩人爲榜樣，他們認爲創造非常逼眞的奇蹟比舉出實例還要重要；凡爾納因此在那個布爾喬亞的宇宙起源論中，添加了屬於他自己的英雄。如果「人」到了現代，已經和以前不太一樣，那是因爲眾神的樣貌也有所改變。

凡爾納大部分的小說都先在報章雜誌上連載，再以18×11公分的口袋書大小出版，到了年底，出版社再重新裝訂，配上插圖，加裝書殼，做成禮物書推出。「新年禮物書」是艾采出版社的重頭戲：大型八開本的豪華叢書，以包覆珍貴的紅、金兩色或多色書殼而聞名。當時不少一流工匠都參與製作這些書籍：蘇茲(Souze)兄弟為封面作畫、雕刻圖版；裝訂師傅馬尼耶(Charles Magnier)、勒內格(Lenègre)與安哲(Engel)稟持對書籍的熱愛與一致水準，為這家出版社陸續製作了六種精裝書殼：1872-74年的「砲彈」、1875-77年的「旌旗」、1877-90年的「雙象」、1891-95年的「多色人像」、1896-1904年的「金球」、1905-10年的「扇子」；最後三種以多色裝飾，外加著名的「燈塔」書背。

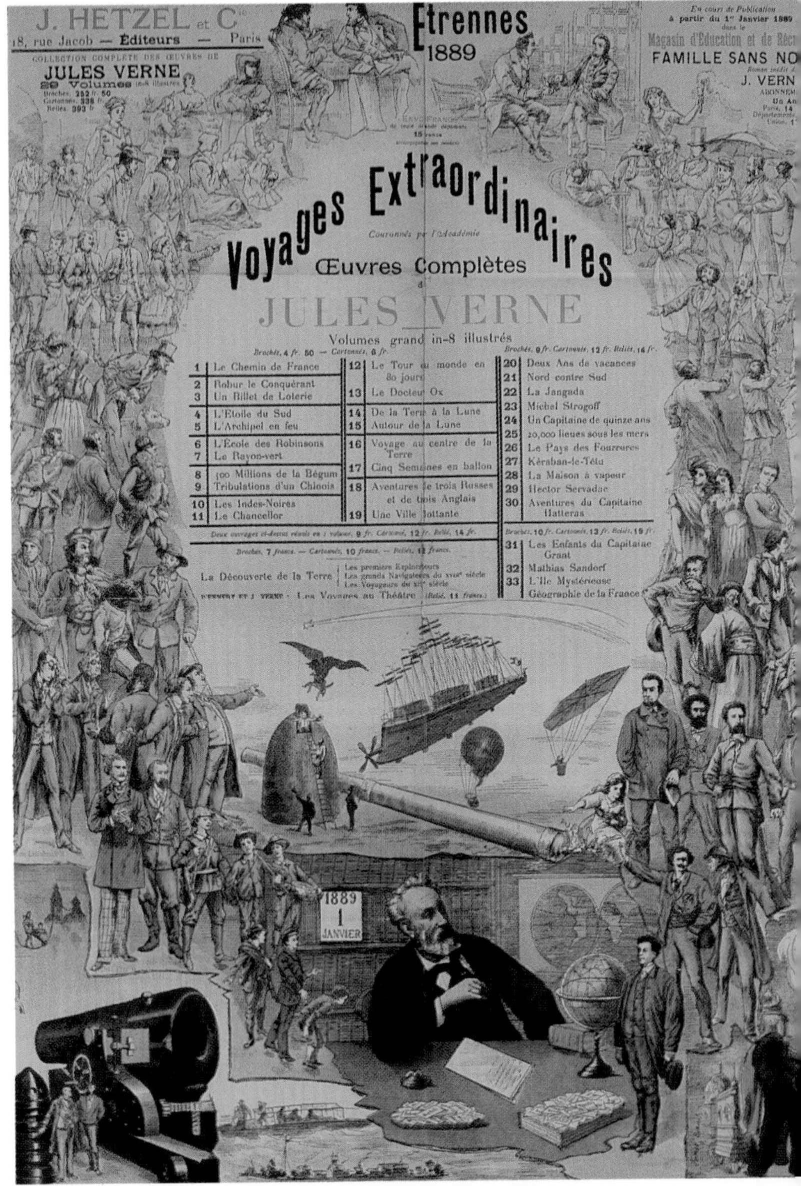
J. HETZEL et Cie
18, rue Jacob — Éditeurs — Paris
COLLECTION COMPLÈTE DES ŒUVRES DE
JULES VERNE
29 Volumes in-8 illustrés
Brochés, 252 fr. 50
Cartonnés, 338 fr.
Reliés, 393 fr.
Etrennes
1889
En cours de Publication
à partir du 1er Janvier 1889
dans le
Magasin d'Éducation et de Réc
FAMILLE SANS NO
J. VERN
Voyages Extraordinaires
Couronnés par l'Académie
Œuvres Complètes
de
JULES VERNE
Volumes grand in-8 illustrés
Brochés, 4 fr. 50 — Cartonnés, 6 fr.
1 Le Chemin de France
2 Robur le Conquérant
3 Un Billet de Loterie
4 L'Étoile du Sud
5 L'Archipel en feu
6 L'École des Robinsons
7 Le Rayon-vert
8 500 Millions de la Bégum
9 Tribulations d'un Chinois
10 Les Indes-Noires
11 Le Chancellor
12 Le Tour du monde en 80 jours
13 Le Docteur Ox
14 De la Terre à la Lune
15 Autour de la Lune
16 Voyage au centre de la Terre
17 Cinq Semaines en ballon
18 Aventures de trois Russes et de trois Anglais
19 Une Ville flottante
Deux ouvrages ci-dessus réunis en 1 volume, 9 fr. Cartonné, 12 fr. Relié, 14 fr.
Brochés, 9 fr. Cartonnés, 12 fr. Reliés, 14 fr.
20 Deux Ans de vacances
21 Nord contre Sud
22 La Jangada
23 Michel Strogoff
24 Un Capitaine de quinze ans
25 20,000 lieues sous les mers
26 Le Pays des Fourrures
27 Kéraban-le-Têtu
28 La Maison à vapeur
29 Hector Servadac
30 Aventures du Capitaine Hatteras
Brochés, 10 fr. Cartonnés, 13 fr. Reliés, 15 fr.
31 Les Enfants du Capitaine Grant
32 Mathias Sandorf
33 L'Île Mystérieuse
Géographie de la France
Brochés, 7 francs. — Cartonnés, 10 francs. — Reliés, 12 francs.
La Découverte de la Terre
Les premiers Explorateurs
Les grands Navigateurs du XVIIIe siècle
Les Voyageurs du XIXe siècle
Les Voyages au Théâtre (Relié, 11 francs.)
1889
1
JANVIER

凡爾納獨自在他的船上或是寧靜的亞眠家中，勾勒出現代英雄的面貌。
他以人類的新尺度描繪世界，
「向年輕一代推廣地理知識」。
批評倒是沒有，
因爲他的作品不被視爲法國文學。

第三章

兼具教育性與娛樂性

「苦澀的知識，是從旅程中萃取而得！世界，今日看來小而單調。昨日、明日，乃至永恆，讓我們看到自己的影像：無趣沙漠裡滿心恐懼的綠洲！」

波特萊爾
《惡之華》

宣戰的前幾天，凡爾納搭乘「聖米歇爾號」來到巴黎；航行塞納河很不順利：「這一路發生了好多事，如果晚一天啓程，我不知道這艘船是否還能回到船籍港，因為塞納河已經沒有水了……天氣非常好，但竟然缺水，而且缺得很嚴重。只有酒商那兒還有水！真可怕……」

歷史進入週期頂點，嘎然停止，巍巍顫顫，將希望達成的夢想和最美好一面呈獻給藝術家、詩人與作家。

從第二帝國到共和國

在那個年代，奈瓦爾(Nerval)、波特萊爾、洛特阿蒙(Lautréamont)、魏崙(Verlaine)、韓波(Rimbaud)，為衰敗到足以滅亡的世界敲響警鐘。這些該死又可悲的挑釁者是社會負面的靈魂；而社會已在帝國、無政府狀態與共和國之間，擺盪了一世紀，它用金錢衡量道德標準，工業發展爲它帶來無可爭辯的權勢。空想主義、社會主義、無政府主義，都在工廠的陰影中成長，只待時機成熟，就要引起大規模的社會轉變。

1871年，法國走出戰爭，結束帝制，在失敗的理想與公社成員的

屍體上建起聖心堂(譯註：聖心堂所在地蒙馬特是巴黎公社的重要據點)。左拉著手撰寫《盧貢-瑪卡爾家族，第二帝國時代一個家族的自然史和社會史》。艾朵和雨果一樣，認爲「巴黎公社和凡爾賽議會都是殘酷瘋子」，兩邊都不支持。在技術、經濟與社會崛起的20世紀初期，凡爾納試圖在乍看毫無詩意的無情工業社會裡，擷取新準則的美感與活力。

普魯士人包圍巴黎(上圖是駐紮在杜樂麗花園的法國軍隊；左頁上圖是造成極大損害的砲擊)。分裂的共和國無法滿足人民的期望。艾朵援助許多參與巴黎公社的朋友：「一邊是暴怒、卑鄙、蠻不講理的瘋子；另一邊則是冷漠自私的布爾喬亞，根本不想了解問題所在，只顧自己好，完全不管他人死活。」

「大法官」的船難：從烏托邦的結束到現實主義的發展

早期的《奇妙之旅》系列塑造出一些非比尋常的人物，那是結合理想與行動的表現。但堅毅的人知道要往哪兒去？知道有什麼在前方等著他嗎？無法擺脫的社會責任爲他渴求的自主設下重重限制，他知道嗎？

CATÉCHISME
DES
INDUSTRIELS.
PAR SAINT-SIMON.

全法動盪不安，凡爾納寫下晦澀的《大法官》(*Le Chancellor*)，在瑞士《時報》連載：九百噸的三桅橫帆船內部著火，一發不可收拾，釀成災禍。書中有迷失方向的船長、認眞執著的大副、自私古怪的布爾喬亞、社會各階層的婦女，以及肩負眾人希望的少年。他們是那失控社會中的主角，擠在岌岌可危的木筏上，有人英勇，有人自私。就在他們受盡苦難、即將覆沒的前一刻，大自然出現奇蹟，強大的海流把倖存者帶到了亞馬遜河的淡水中。

聖西門(Saint-Simon)和傅立葉(Fourier)的夢想(譯註：兩人爲空想主義的代表人物，後被視爲法國早期社會主義)，是否已隨《大法官》沉淪了呢？作者似乎要說，人的雙重天性在暴風雨中掙扎之際，夢想的確受到重創。然而，凡爾納是在空想家的著作中找到人類進步的論證。本質上，他偏好夢想家而不是銀行家——儘管他了解，唯有聚集資本才能實現遠大的夢想……

聖西門在工業與社會上的道德主張，以及傅立葉對集體生活的夢想，一直是凡爾納心目中進步社會的背景。

艾采的出版政策使凡爾納的著作得以翻譯並發行到全世界。迄今已是被翻譯最多作品的法國作家，計有23國、224部譯本。

THEATRE de la PORTE St MARTIN

航向陸地

普法戰爭與巴黎公社事件，使艾采出版社的活動銳減，凡爾納為此頗擔心：是否還能靠寫作維生？「我甚至在想，也許得重回股市，雖然之前的嘗試實在令人沮喪。我已不知所措……」不過出版商要他放心，與他續簽每月一千法郎的新合約，另加上每冊重印的一半利潤；除了附插圖的書本外，出版商保留永久所有權。

在那段時局動盪的日子，凡爾納將歐諾琳與孩子們安頓在她亞眠的娘家附近，自己則和「聖米歇爾號」留守海岸，船上配有一管小砲，外加五名水手。到了1872年，他才定居在皮卡地(Picardie)的首府亞眠。

從亞眠到巴黎只要一小時半的火車行程，凡爾納經常往返兩地。亞眠擁有65萬人口，這座繁榮城市以紡織為主，尤其是棉絨、烏特勒支絨、飾帶、絨毛地毯……

「對喜愛地圖與版畫的孩童而言，宇宙就像那廣大的胃口」(波特萊爾)

掌握地球，小心翼翼地持續為海洋與陸地定位，賦予人類命運所有可能性。這段富象徵意涵的表白，出現在《南非洲歷險記》(*Les Aventures de trois Russes et de trois Anglais*，又譯《三個俄國人與三個英國人的歷險記》)，是凡爾納獻給大師賈克．阿拉戈的致敬之作，他於1855年辭世。

LE TOUR DU MONDE EN 80 JOURS

經緯度是人看不見的印記，代表他對這個星球的認知與權力的展現。海洋不僅是航海人眼裡重要的標記，對陸上的探險家也是，因為地圖上還有留白的地區。記錄一條非洲的子午線，是建立科學社團聯盟的良機，無關國家與政治的競爭。當然會遇到困難，但朝著科學與人文的理想前進，卻是非常清楚的。子午線與緯圈從此成為全球英雄的標線。

是地理學家？還是食土癖(geophagy)？

1872年，《環遊世界八十天》(*Le Tour du monde en quatre-vingts jours*)出版，主人翁的賭注更自私也更像個遊戲。交通工具的發展，大大增加了大眾對旅行的

《環遊世界八十天》深受大眾喜愛，造就一股影響各個領域的風尚。

興趣。鐵路穿梭在各個大陸間，蒸汽掌控了船艇，1869年打通蘇伊士運河，縮短了來往倫敦與孟買一半的時間。

凡爾納爲了進行這趟環球之旅，分析航運公司的

改編戲劇大獲成功，衍生出寓教於樂的商品，如：走馬燈(左頁下圖)、跳格遊戲(上圖)。

海路網，收集廣告單，查閱法國、英國、印度、美國等地的火車時刻表。故事雖是虛構，但也要合情合理。

弗格的計畫沒有遇上任何拖延，行程比預想的還要刺激，必須全程保持冷靜與堅強。他不只一次加快蒸汽機的運作，差點引發爆炸。最後在回到利物浦的貨輪上，煤燒完了，他把船上所有木製東西都拿去燒，抵達終點時，除了船體，船上只剩下噴出最後幾許火花的發動機。

《時報》的讀者緊追故事的發展，反應熱烈。凡爾納必須以出色的手法作結。他信心滿滿，因爲在著手撰寫以前便已安排好結局；他再次參考法國探險家杜維爾(Dumont d'Urville)的觀察報告，以及愛倫坡在《三個星期日聚一週》的說法：用與太陽相反的方向繞行地球，每往東一時區就賺到一小時，繞回出發點時就賺到一天。這個「宇宙學的笑話」，讓弗格在眼看就要輸掉時多爭取到一天，也贏了打賭。

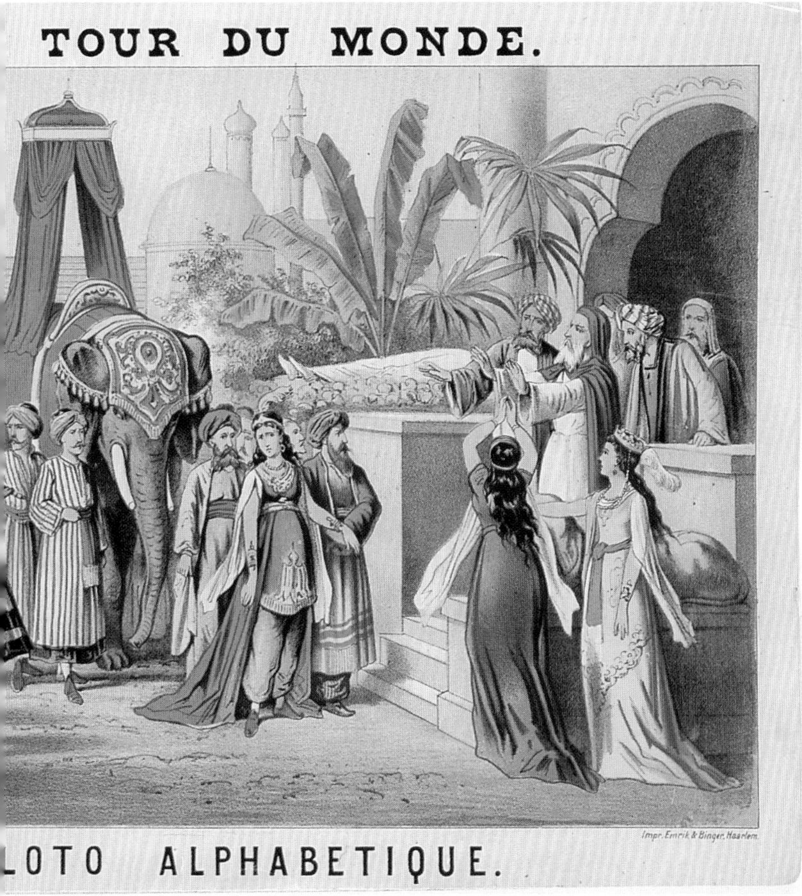

TOUR DU MONDE.

Impr. Emrik & Binger, Haarlem.

LOTO ALPHABETIQUE.

故事發展來到印度，那裡正在舉行薩蒂(Suttee)儀式，祭獻給印度愛與死的時母女神(Kali)，阿烏達公主必須活活燒死在亡夫身旁。緊要關頭，英勇的弗格和僕人萬事通救了她。

LE
TOUR DU MONDE
EN
80 JOURS
PIÈCE A GRAND SPECTACLE EN 5 ACTES ET 15 TABLEAUX
DE Ad. d'ENNERY et Jules VERNE
REPRÉSENTATIONS
DU THÉÂTRE DU CHATELET DE PARIS
L. Charbonnier
Imp. CH. WALL & Cie, 14, Rue Lafayette, PARIS.

《環遊世界八十天》由外號丹尼瑞(Dennery)的菲立普(Adolphe Philippe)改編成戲劇，在聖馬丁城門劇場演出長達一年。三年後，這齣戲在夏特雷(Chatelet)劇院捲土重來(左頁和左圖)。參與演出的還有11頭大象、無數條蛇、火車頭，以及數百位配角，不久即赴國外演出。

THÉÂTRE DU CHATELET
MICHEL STROGOFF
Tous les Soirs
On commence a 8 h.
On finit à 11 h. 3/4
16e TABLEAU
CRONSTADT
MARFA
MICHEL STROGOFF
Imp. & dessins EMILE LEVY 36, Rue des Petits-Champs Paris

1876年出版的《米歇爾・斯特羅哥夫》(*Michel Strogoff*；又譯《沙皇的郵件》)，摒棄陳腔濫調，展現新的藝術手法。艾采希望有小孩陪伴後來失明的斯特羅哥夫：「類似俄國的加夫羅契(譯註：《悲慘世界》裡的街頭頑童)」，還要有隻狗：「就和頑童一樣，想到盲人就一定要有狗。」凡爾納認為這些建議很荒謬，予以拒絕，後來寫出少女娜迪雅(Nadia)來指引沙皇的信使。斯特羅哥夫和娜迪雅就像希臘悲劇裡的伊底帕斯王和女兒安提岡妮。關於俄國的文獻與資料，凡爾納則向住在巴黎、作品也由艾采出版的俄國大作家屠格涅夫求教。下圖是在夏特雷劇院擔綱斯特羅哥夫一角的演員瑪黑(Marais)。

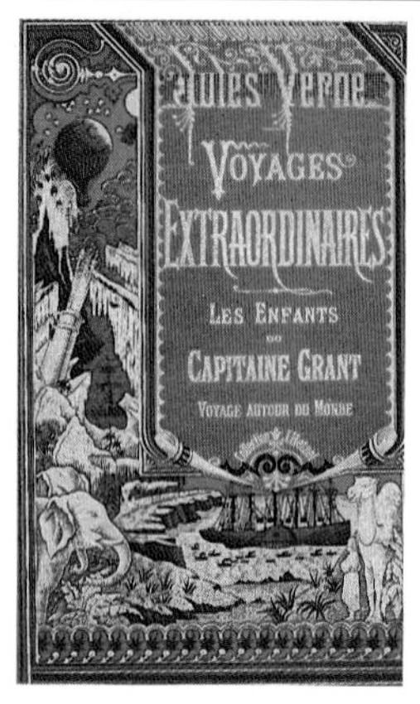

《環遊世界八十天》推出後大獲好評，很快就有改編成戲劇的計畫。凡爾納又重拾他最初的喜好。

「我一向非常注意文筆，卻從未得到認可」

1872年，法蘭西學院頒獎給《奇妙之旅》系列，但凡爾納卻從未獲選爲學院的一員。他雖是暢銷作家，但作品中表達的省思遠超過一般寫給青少年看的歷險記。然而身穿綠衣的法蘭西學院院士始終未察覺到這點。

凡爾納不重視頭銜，但承認希望獲得肯定。儘管艾采和小仲馬爲此出了不少力，但始終沒有結果。他爲自己「寫給小鬼頭看」的作家形象所苦，但出版商的保守封閉政策更讓他不好過。他坦言：「儘管如此，我個性中的樂天知命還是超越了野心，這些事不會擾亂我往後的生活[…]。自從我的名字被提報上去的那天起，法蘭西學院舉行了不下42次選舉，也就是整個翻新了一次(譯註：法蘭西學院有40名成員)，但大家還是忽略我……我人生最大的遺憾，就是沒有被視爲法國文學界的一員。」

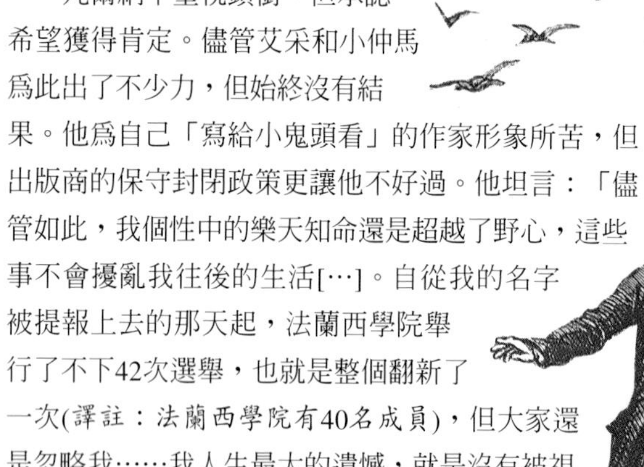

墮落的天使與懊悔的魔鬼

1873年，凡爾納在《格蘭特船長的兒女》(*Les Enfants du capitaine Grant*)中，安排了意外插曲，爲尼

在《格蘭特船長的兒女》中，少年羅伯的老師是學者巴加內，此人非常漫不經心，應該搭「斯科夏號」輪船，卻上了「鄧肯號」，以為航向印度，結果直撲美洲而去，還拿著葡萄牙文書學西班牙文，行為脫線，笑話連篇。下圖是《神祕島》的少年赫伯和木匠潘克洛夫，少年後來拜聰敏的史密斯(Cyrus Smith)為師。

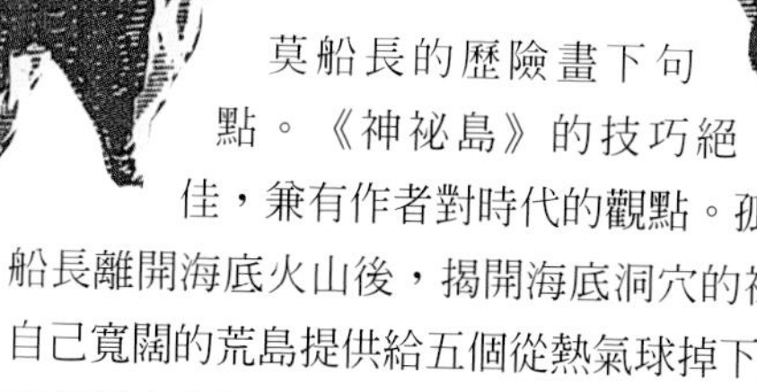

莫船長的歷險畫下句點。《神祕島》的技巧絕佳，兼有作者對時代的觀點。孤獨的尼莫船長離開海底火山後，揭開海底洞穴的祕密，又將自己寬闊的荒島提供給五個從熱氣球掉下來的人：工程師史密斯、記者史佩萊、木匠潘克洛夫、少年赫伯以及僕人納布；他們註定要占據大自然以生存下去。

「當他[尼莫]漸漸看出五人的誠實、勇敢與友愛，就開始關心他們努力的成果。」沒錯，尼莫將「天意」傳達給這些遇難者，諸如工具、武器、材料總會奇蹟般出現，不是來自天神，而是和他們一樣的人。

相反的，造成格蘭特船長失事的艾爾頓(Ayrton)就沒那麼幸運了，他被遺棄在附近的荒島長達十年，受盡苦難，以懲罰他的背叛。

凡爾納雖受天主教教育，但採用自然神論點，他在形而上的表現則是詩意大於宗教性。處在渴求自主與需要秩序的矛盾之間，他將上帝化爲裁判、法官，其在天平上的重量則在於對抗自然力與自然災難。大地的定律比人類訂定的法律強大，但是只用於氣象、物理、化學、生物和地理上。面對自然界的摧毀力，人當然可以祈求上帝，但是人的知識與謹慎會帶給他更大幫助；關於自身命運的謎，他必須從自己身上尋求解答。

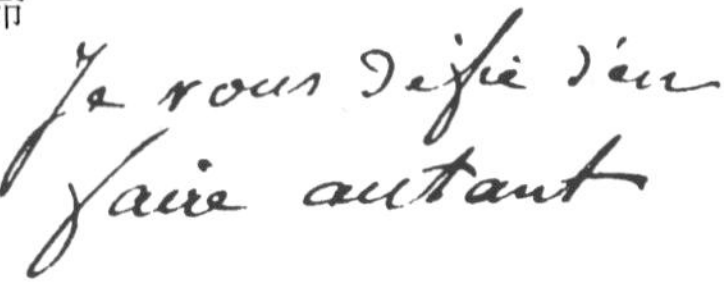

耶穌基督是工程師

在《神祕島》中，實現諸多奇蹟的不再是尼莫，而是史密斯(Smith，意指鐵匠)。美國遇難工程師運用物理與化學知識，開發了島上的自然資源。栽種糧食、養殖、採礦、鍛鐵、燒窯、河流改道、發電，讓遇難者的遭遇超越許多個魯賓遜。史密斯是新一代戴達羅斯(Dedalus，譯註：他爲克里特國王建造迷宮)，他的故事延伸自這位希臘祖先：史密斯從熱氣球上掉到一片處女地，堪稱是人類機敏求生的典範。他會思考、尋覓、解答，但他不說：「像我這樣做。」他貢獻知識，教育少年赫伯，就像《愛彌爾》的盧梭。他是啓蒙者，不是贖罪的人。他或許會說：「我知道能把火送到多遠的地方，拿著它，如果可以的話，你就再走遠一點！」

1869至73的五年間，尼莫這個角色常常引起凡爾納與出版商的激烈爭論。作者抗議：「你把他改得我都認不出來了」，嚴守立場。尼莫在《神祕島》中有如全世界的長老，抵禦外來的壓迫，支持獨立戰爭，最後孤獨以終。他選擇自主，以自身的名義為人類征服了海底。左圖，「鸚鵡螺號」停泊在洞窟裡，鏈住那奉行「在變動中變動」的囚犯，宛如希臘神話中的普羅米修斯。

來自出版商的影響或艾釆的報復

尼莫臨終前，將他20多年前從大硨磲貝內取來的珍珠送給那些落難者。他的遺言就像我們所了解的他：「獨立」。然後凡爾納再「節制地」寫幾句，加強這同系列三篇小說的崇高結尾。艾釆拒絕這樣的收場。這是從哪個年代來的浪漫派！尼莫應該說：「上帝，祖國」，而不是「獨立」！珍珠又是怎麼一回事？應該是整箱寶貝！這才是可以利用的財富，遇難者一回到美國，就建立「一個州……和一群小鬼之類的人作夥蓋教堂和學校，給尼莫、葛雷納凡(Glenarvan；譯註：《格蘭特船長的兒女》的人物)、格蘭特都蓋間紀念館。要讓他們成爲愛心人士，再讓讀者說你也很有愛心」。艾釆爲人耿直，不擺架子，但也不讓步。1873年，君主政體的理想還很強勢，但法國已建立必須延續下去的共和國。凡爾納只得妥協，在法倫斯泰爾(phalanstere；譯註：傅立葉夢想建立的社會基層組織)這共和國的抵押品上，繼續投入20年時光。

艾釆做人威嚴又不失親切。左頁上圖是他給插畫家班奈特的信末附筆。

星期一的復活節舞會

1876年初，歐諾琳生病了。凡爾納寫信給艾采：「不論怎麼治療，她還是不見起色……」她接受幾次當時罕見的輸血，奏效了，歐諾琳日漸康復。爲了慶祝妻子病情好轉，也爲了正式將妻子帶入亞眠的上流社會，凡爾納在1877年4月2日星期一、復活節這天辦了場化妝舞會。

樂隊演奏奧芬巴哈的作品。賓客都化身成小說裡的角色：納達扮成太空人阿丹從太空艙現身；凡爾納是宴會主人，在他喜愛的劇場與音樂氛圍裡兀自發光。然而歐諾琳又病倒了，並未出席。凡爾納因爲常去巴黎，老早就想重溫這場宴會的排場。

1875年，凡爾納這位不太尋常的布爾喬亞當上亞眠學院院長。他在就職演說中道出他夢想中的城市，在露天亭臺心滿意足地觀賞管樂團演奏有聲代數，在劇院裡聆聽巴黎演奏、同步播放到全世界的鋼琴音樂會……

ROTTERDA

A BORD DU YACHT

PA

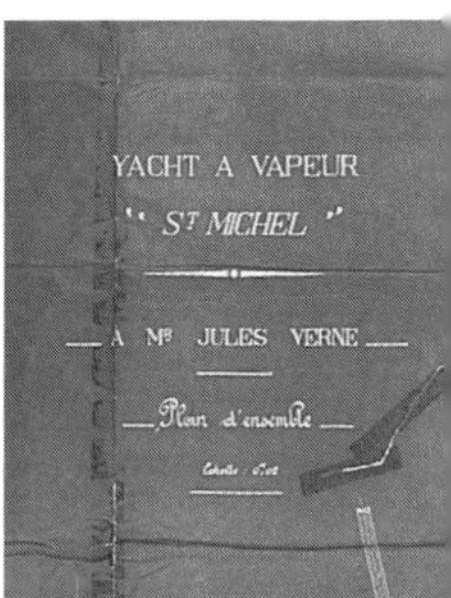

莒勒和保羅兩兄弟的命運交織在一起。莒勒離開股市轉向大海，保羅則脫離海軍投身股市。保羅是哥哥的忠實夥伴，買船時提供意見，校閱手稿中關於航海的章節，查覈字彙和內容的正確性。

劇場裡盡是迷戀冒險的觀眾。他有三部小說接連改編成舞台劇，造成極大轟動。這些大型演出賣座非常好。《環遊世界八十天》在世界各地巡演，之後的《米歇爾・斯特羅哥夫》和《格蘭特船長的兒女》也周遊列國。

外海的風和巨額花費帳單

改編戲劇的收入，加上書籍的暢銷，讓凡爾納實現了自己眞正的夢想。他花了五萬五千法郎買下普雷歐(Préault)侯爵的雙桅縱帆帆船：28公尺長，配備100馬力的蒸汽機。作家乘著「聖米歇爾三號」展開五次長程旅行。弟弟保羅，也是他最好的朋友，每次都陪伴著他。歐諾琳這位迷人妻子不喜歡大海，健康狀況也不允許她離開亞眠。對凡爾納來說，這趟出遊散心正是時候，長程遠航可使他暫時脫離越來越沉重的家庭氣氛。

COPENHAGUE

APEUR « SAINT-MICHEL »

AUL VERNE

下圖是「聖米歇爾三號」，由羅亞爾河造船廠建造，1877年出產，是28公尺長的機帆遊艇，配備雙桅縱帆，桅桿和煙囪向船尾傾斜，採用勒哈佛(Le Havre)原產的「諾曼」(譯註：Augustin Normand，船舶工程設計師)推進器。裝潢則採用桃花心木與淺橡木，內有客廳、餐廳、辦公室、廚房、船艙三間，以及12至14個臥鋪。

「眞是太瘋狂了！旅程一定充滿感受與取之不盡的想法。弟弟非常滿意這筆交易，一直鼓勵我買下它！」

15年來，他爲了激起年輕一代的好奇心而工作。他的兒子米歇爾也有15歲了。從凡爾納寫給艾采的信可看出，那個被寵壞的少年視凡爾納爲不讓步、不了解孩子的威權父親。其實米歇爾只是想尋求自我認知，他開口要爸爸，卻得不到回應，父親反而冷酷以對。他說他兒子有著「乖僻的早熟」，說他是「本性惡劣，愛吹牛的可惡傢伙，而且很沒常識」。「乖僻」這個詞時常出現在凡爾納給艾采的信中，而他抱怨米歇爾的頻率已不亞於討論工作了。

凡爾納可以一直做夢下去，米歇爾還是永遠講不聽。1891年，莒勒以英國小說家狄更斯的手法，想像出和他兒子相反的《小傢伙》(*P'tit Bonhomme*)：他的正直、慷慨和倔強，使他14歲就在都柏林開了間小店，很快就掙得不少錢；他還報答那些曾經幫助過他的人。莒勒也以米歇爾為藍圖，寫出《十五歲的船長》(*Un capitaine de quinze ans*)中的狄克・桑(Dick Sand)；下圖是狄克與小傑克。

被迫離開教養中心去印度

把米歇爾安置在兒童教養中心，更加深彼此的嫌隙。他在「父親要他修正偏差行爲的指示」下，被迫成爲見習水手，登上開往印度的船，行程長達18個月。

17歲的他寫信批評父親，信中的措辭引起凡爾納震怒。凡爾納在艾采面前大發雷霆：「沒有父親會從兒子那裡收到過這麼可怕的信！」米歇爾膽敢採用波特萊爾的方式控訴旅程、海洋與開闊景致帶給他的感受。他在加爾各答寫信：「我從來就不相信什麼出海時的激動，『恐怖的深淵』、『面對無垠大海產生的憂慮』。果然沒錯！看看這些句子！」這可惹火小說家了。然而，米歇爾不是在挑釁。他其實充滿感情，想從執拗的父親身上尋得眞摯的默契：「當然這些都不是指責[…]。雖然我一點也看不出來，讓身體很好的人繼續吃藥有何必要，但我不是要你把我召回去，因爲你可能會很難過，而且你可能會拒絕我。要不然就是我想錯了。」

戲劇化的蛻變

凡爾納一向信賴年輕人，與年輕人爲伍，自是無法忍受和米歇爾的衝突。在他眼中，少年始終是未來的主要希望：羅伯·格蘭特與《地心遊記》中的阿克賽都是身經百戰的青少年；《大法官》裡的勒杜那值得任何父親做出一切犧牲；赫伯在《神祕島》中是學生的典範；《米歇爾·斯特羅哥夫》則表現娜迪雅的偉大精神……

凡爾納不了解兒子，

1879年出版的《印度貴婦的五億法郎》(*Les Cinq Cents Millions de la bégum*)描述舒茲教授在他的鋼鐵城中打造巨砲，準備攻打薩哈贊教授的和平之城。這是凡爾納和葛胡賽(Pascal Grousset，又名André Laurie)合作的三部小說之一。葛胡賽是科西嘉人，也是反拿破崙主義的激進份子、巴黎公社的外交部長，他和侯世弗(Henri Rochefort)被判服苦役刑，從新喀里多尼亞逃獄，流亡英國，曾經受過艾朵的幫助。他和凡爾納合作另外兩部作品：《南方之星》(*L'Etoile du sud*)和《辛西亞號的獲救者》(*L'Epave du Cinthia*)。

但他知道如何超越現實、使其昇華，像是爲了抹去失望帶來的烙印。他在父子衝突最激烈的那一年，爲兒子寫了《十五歲的船長》，讓船上的少年成爲反奴隸英雄。主人翁狄克・桑說得好：當瘋狂的成人在混亂中沉淪，當人們互相詆譭、衝突一觸即發之際，什麼都嚇不倒少年，純眞使他遠離心靈災害，他堅持下去，付諸行動。

從蒸汽機到蒸汽屋

鐵路的發展讓弗格贏得環遊世界的賭注，但如果鐵路上沒有鐵軌呢？「進步」帶領我們進入叢林，就像往日騎在大象的背上？未嘗不可！1879、80年間創作的《蒸汽屋》(*La Maison à vapeur*)，就在印度到處跑。它是一齣大戲裡的喜劇配件，直搗印度士兵叛變的中心：「鋼鐵製的龐然大物」是隻機械大象，腹中有大鍋爐，由四個鉸接的腳支撐。我們應該讚歎這奇怪的機器是技術上的最高成就，如果它沒有那麼……可笑的話。況且凡爾納在結尾處讓它爆炸了，像是孩子不再喜歡的玩具。

1882、83年的《環遊黑海歷險記》(*Kéraban le Têtu*，又譯《固執的蓋拉邦》)則嘲笑脫軌的火車。反正他再也不搭火車了！書中的有錢商人拒絕支付跨越博斯普魯斯海峽的五毛稅金，寧願繞黑海一周，向土耳其的官僚證明自己仍是獨立自主之人。蓋拉邦有生之年再也不搭那製造噪音、臭氣薰天的火車，它冒犯了他強烈的個人主義。《環遊黑海歷險記》這齣喜劇則出現明顯的巴黎文藝風，而凡爾納卻獨力將它改編成劇本。結果失敗得一場糊塗。

為了避開逼真的要求，凡爾納從「做了個夢」下手，講述《太陽系歷險記》(*Hector Servadac*，又譯《艾克多・塞瓦達克》，1876)的長途跋涉：他被彗星帶離地球，一直旅行到土星，然後再返回地球。《南非洲歷險記》(上圖)中的英雄們追求精確的地理知識，正在那裡測量地球的子午線，他們和地球有更實際的接觸……

做夢，做夢，光做夢是不夠的

不論在海洋還是大陸，黃金都是貪婪的象徵，是最危險的暗礁。權勢從哪兒來？金錢。錢又從哪兒來？哪兒都沒有……這些布爾喬亞英雄的財富，和教堂中的無性天使一樣純潔，一點也不矛盾。如果他們很有錢，財富的來源必定很神祕。一旦他們投入龐大的事業，永遠也不缺錢。如果他們很窮，高尚的道德就是對抗不幸的最佳武器。但人若是追著黃金跑，不久就會步向滅亡。

ÉTRENNES
1882.
ENFANCE
et
JEUNESSE.
ÉDUCATION.

VOYAGES EXTRAORDINAIRES

COURONNÉS PAR L'ACADÉMIE FRANÇAISE

21
Volumes gr. in 8°.

JULES VERNE

40
Volumes in 18.

ŒUVRES COMPLÈTES

ÉTRENN
1882.
ENFANC
et
JEUNESS
RÉCRÉATION.

JULES VERNE
ŒUVRES COMPLÈTES
ÉDITION GRAND IN 8° ILLUSTRÉE

Cinq Semaines en Ballon
Toile, 7 francs, broché 5 francs.

Voyage au centre de la Terre
Toile 7 francs – broché 5 francs.
Ces deux ouvrages réunis en un seul volume

Aventures du Capitaine Hatteras
Les Anglais au pôle Nord. Le désert de glace.
Relié 14 fr. ; Toile 12 fr. ; broché 9 fr.

Vingt mille lieues sous les Mers
111 dessins par de Neuville.
Relié 14 fr. ; toile, 12 fr. ; broché 9 fr.

Les Enfants du Capitaine Grant
(Voyage autour du monde).
177 dessins de Riou.
Relié, 15 fr. ; toile, 13 fr. ; broché 10 fr.

L'Ile Mystérieuse.
154 dessins par Férat.
Relié, 15 fr., toile, 13 fr., broché, 10 fr.

De la Terre à la Lune.
Toile 7 fr. ; broché 5 fr.

Autour de la Lune
(suite de la Terre a la Lune).
Toile, 7 fr. ; broché 5 fr.

Aventures de trois Russes et de trois Anglais.
52 dessins par Férat,
toile, 7 fr., broché 5 fr.

Une Ville flottante,
suivie des Forceurs de Blocus.
44 dessins par Férat,
toile, 7 fr. ; broché 5 fr.
Ces deux ouvrages réunis en un seul volume

Le Pays des Fourrures,
105 dessins par Férat et de Beaurepaire.
Relié 14 fr. ; toile, 12 fr. ; broché 9 fr.

Les Indes-Noires,
45 dessins par Férat.
Toile 7 fr., broché 5 fr.

Le Chancellor,
toile, 7 fr. ; broché 5 fr.
Ces deux ouvrages réunis en un seul volume

Le tour du monde en 80 jours
80 dessins par de Neuville et L. Benett.
toile, 7 fr. ; broché 5 fr.

Le Docteur Ox.
Illustré de 58 dessins par
toile, 7 fr. ; broché 5 fr.
Ces deux ouvrages réunis en un seul volume

Michel Strogoff
95 dessins par Férat,
relié, 14 fr. ; toile, 12 fr. ; broché 9 fr.

Hector Servadac.
Voyages et aventures à travers le monde solaire.
relié, 14 fr. ; toile, 12 fr. ; broché 9 fr.

Un Capitaine de 15 ans.
relié 14 fr. ; toile 12 fr. ; broché 9 fr.

Les Cinq cents millions de la Bégum.
toile, 7 fr. ; broché 5 fr.

Les Tribulations d'un Chinois en Chine.
toile, 7 fr. ; broché 5 fr.
Ces deux ouvrages réunis en un seul volume

La Maison à vapeur.
101 dessins, par Benett,
relié, 14 fr. ; toile, 12 fr. ; broché 9 fr.

La Jangada.
800 lieues sur l'Amazone
95 dessins, par Benett,
relié, 14 fr. ; toile 12 fr. ; broché 9 fr.

JULES VER
ŒUVRES COMPL
ÉDITION GRAND IN 8° ILLU
(Suite)

HISTOIRE GÉNÉ
des grands Voyages
grands Voyageur

La découverte de la

Les grands Navigate XVIII° siècle.

Les Voyageurs du XIX

JULES VERNE & THÉOPHILE LA
Géographie illustrée France et de ses Col

D'ENNERY ET J.VE
LES VOYAGES AU THÉÂ
Le Tour du monde en 8
Les enfants du Capitaine
Michel Strogoff

J. VERNE
Edition in
non illustrée.

Aventures du capit Hatteras
Les Anglais au pôle Nord
Le Désert de Glace

Les Enfants du capit
L'Amérique du Sud
L'Australie
L'Océan Pacifique

L'Ile Mystérieuse

LE
MAGASIN ILLUSTRÉ
D'ÉDUCATION ET DE RÉCRÉATION
L'ECOLE DES ROBINSONS
JULES VERNE
le 1er Janvier 1882.

ABONNEMENT D'UN AN
Paris 14
Départements 16 francs.
Union 17 francs.

LA COLLECTION COMPLÈTE DES ŒUVRES DE
Jules VERNE.

Edition in 8 illustrée
21 Volumes
BROCHÉE 184 f
CARTONNÉE DORÉE 247 f

J. HETZEL & Cie,
ÉDITEURS
PARIS. 18 r. Jacob.

Edition in 18
40 Volumes
BROCHÉE 120 f
CARTONNÉE 160 f

ENVOI FRANCO en FRANCE
de toute demande de 20 francs accompagnée de son montant.

MAGASIN ILLUS
D'ÉDUCATION ET DE RÉCRÉ
DIRIGÉ PAR
P.J. STAHL - J. VERNE. -
COLLECTION COMPL
34 Volumes in 8 illu
L'Année 1881. – 2 Vol

大海載著凡爾納的作品，
海風延長了它們的生命。
計時器與日曆開啓了第四度空間的大門。
凡爾納周旋在時光與死亡之間，
充滿疑慮，修正理想人類的形象。

第四章

對科學抱持懷疑

「暴風雨為我在海上的甦醒祝福。我在浪濤上起舞，比軟木塞還輕盈。人稱受難者的永恆搖船，十夜來不留戀燈塔愚騃的目光。」

韓波

〈醉舟〉

1882年10月，莒勒54歲了，歐諾琳52歲，一家人搬到位於查理-杜博街與朗格維爾大道路口的大宅子。

查理-杜博街的房子目前是莒勒-凡爾納國際中心。公元2000年購入拉里伐(La Riva)有關凡爾納的豐富收藏，成為全球「奇妙之旅」的活動展示中心。在凡爾納的工作室裡，書桌擺放在窗邊，作家坐在窗前觀看往來巴黎與卡雷(Calais)間的火車，這幕景象常常啓發他的寫作靈感。手邊放著莫泊桑與都德的作品，以及狄更斯、史考特、古柏與愛倫坡的譯作。

歐諾琳與「聖米歇爾三號」

小說家搭乘「聖米歇爾三號」，在北海進行兩次長途航行，遊歷了愛爾蘭、挪威、蘇格蘭、荷蘭及丹麥等地，同行的還有弟弟保羅與幾個朋友。這些航行讓他想起20年前的旅行。他喜歡舊地重遊那些啓發他寫作靈感的地方；這回的筆記讓他寫出《綠光》(*Le Rayon vert*)和《一張彩卷》(*Un billet de loterie*)。

1884年，他第一次展開地中海航行。完全康復的歐諾琳也跟去了，還有米歇爾。母子倆先搭火車穿越法國，再搭乘開往阿爾及利亞的定期郵輪，抵達首府阿爾及爾，同時間，莒勒與保羅駕著「聖米歇爾號」沿西班牙航行，穿過直布羅陀海峽。歐諾琳本該在阿

LE MAITRE

CIPATION SCIENTIFIQUE

凡爾納寫信給艾采討論《綠光》(下圖)：「女主角必須很年輕，但很特別，古怪之餘又很得體，必須寫得輕巧自然」，談到意象，他則說道：「就像出自歐湘(Ossian；譯註：蘇格蘭吟唱詩人)筆下隱晦的詩」。

爾及爾上船，但她被暴風雨嚇壞了，便說服莒勒一起經由陸路前往突尼西亞首都突尼斯。然而阿爾及爾與突尼斯之間的鐵路尚未完工，驛車又停駛，加上投宿的旅館裡蟑螂到處爬，莒勒氣得要命。而「聖米歇爾號」與船長奧利佛還在突尼斯這頭等著呢。

「這女人是長了100張嘴的樂隊……」

嘮叨的妻子一站又一站地折磨凡爾納，自己響亮的名聲也是負擔。他從來沒有這麼厭煩人群與社交活動：先是突尼斯長官的招待會，接著是馬爾他的官方宴會。作家到哪兒都被視為大使，他的船上盡是好奇之士。歐諾琳受到吹捧也樂在其中。莒勒不時逃走、藏匿起來，只想隱姓埋名，偶爾能讓他得逞。

從翠波(Treport)啓航之後，他每天早上都待在艙房裡修改《桑道夫伯爵》(*Mathias Sandorf*)，這個新角色是地中海的主人，就像尼莫之於海洋。寫作的靈感源源不絕，凡爾納為此感到很興奮。「聖米歇爾號」在馬爾他外海遇到強烈暴風雨。莒勒受到很大驚嚇，在西西里島上岸後，決定搭火車結束旅程，要船長奧利佛把船開回南特；這一次夫妻倆總算想法一致。《桑道夫伯爵》的內容更加豐富：有十分寫實的暴風雨、果斷的人物——挽救「聖米歇爾號」免於災難的馬爾他引水員。

凡爾納一上岸就向火山挑戰，這是他唯一一次爬上活動中的艾特納火山。接下來幾天則和歐諾琳遊訪

是害怕死在海上？還是想到《大法官》裡的船難？結束旅行後沒多久，凡爾納就把「聖米歇爾三號」賣了，再也不出海。下圖描繪這艘船航經維蘇威火山。

義大利。凡爾納在那不勒斯和羅馬也都受到盛大歡迎，威尼斯甚至還爲他放煙火。隨後他獨自前往米蘭，查閱達文西的繪畫。他在爲一項醞釀已久的計畫尋找靈感，是關於「比空氣還重」的東西。達文西的設計圖使他對「信天翁號」有了概念，那是《征服者羅比爾》的巨大飛行器。

凡爾納花了很多心思把大海和火山結合在一起。火山在人的命運中起了好與壞的作用。在尼莫的亞特蘭提斯城，化大海為熔漿，末了成為尼莫的墳墓。火山還分裂《漂逝的半島》(*Le pays des fourrures*，又譯《毛皮王國》)的浮冰。黃金火山則掩埋了阿拉斯加的礦場。《地心遊記》的終點：「四周是享有神話背景的伊奧利亞群島，這是古代的斯特隆基島(Strongyle)，風神伊奧利斯(Aeolus)在此掌管四方的風與暴風雨。那些在隆起之際變圓的藍色山巒，是卡拉布里亞(Calabria)的領地！再看這矗立在南方水平面上的，正是那狂野的艾特納火山。」

神祕的複製品

一本具有指標性的小說，開啓了凡爾納生命的最後階段——他的作品第一次出現具哲學家氣質、沉著冷靜的小說家。怎能不把凡爾納和桑道夫拿來作個比較：年歲相仿，外形相似，擁有相同的夢想與愛情故事，更有共通的不凡經歷。

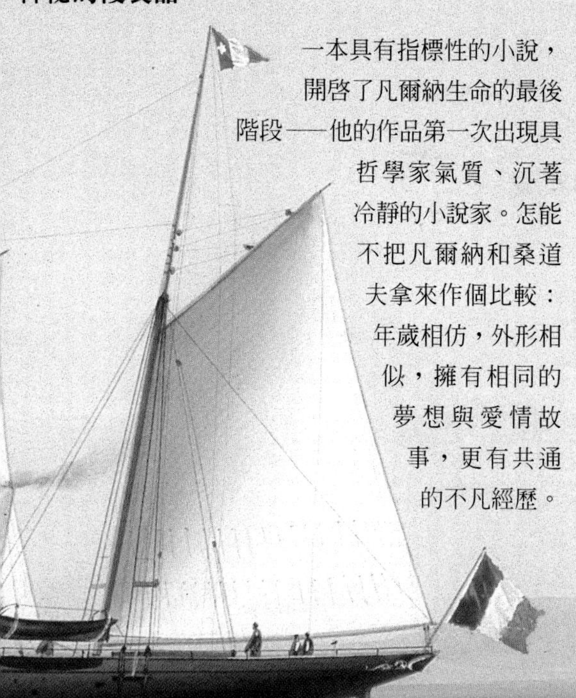

凡爾納以《桑道夫伯爵》開啓了「多瑙河系列」的四部小說，主題探討愛與死。1884年，扣人心弦的短篇《風吹雨打》(*Fritt Flacc*)，隱藏著死神接近的聲響，發表於《費加洛畫報》。

凡爾納強調：「這個人何以享有名望，基本上是個無解之謎，始終圍繞著他。既然我們摸不清他的生活，場景就更開闊了，想像空間也大增。」凡爾納堅持讓尼莫保持神祕，他自己也是，他嫻熟地藏身在各種面具之後，把玩文字，將各個角色混置在故事情節裡。

桑道夫的足跡遍及整個地中海，每到一處都會被好奇之士認出來，就像凡爾納。他以謎語形式寫道：

「他從哪兒來？
-從他喜歡的地方來。
-他要去哪兒？
-去適合他去的地方。
-他到底是誰？
-誰知道，也許提問的人知道得比他還多！」

「死亡不是毀滅，它只是隱去形體」

這年輕人是誰？隱姓埋名了這麼久。他是兒子，又不算是。他死了，但他沒有消失。反正他還活著，但不該被認出來：「搬開這塊石板[…]。拿掉石頭[…]。把身體移出來[…]。抬起來[…]。醒醒啊，皮耶！給我醒過來！不一會，皮耶彷彿從死一般的昏睡中醒來，睜開雙眼[…]。

「是你？」他喃喃地說：「你不是把我拋棄了？」

「皮耶，是我！

-你是誰？

-一個死人……跟你一樣！」

就這樣，這人從冥府返回人世。桑道夫伯爵從墳墓裡抬出來的年輕人是誰？只是具心愛的僵屍？當然！難道做了蠢事？沒錯！父親也是，進入陰間拯救自己的孩子。終於換回一個理想化的兒子，得先置他於死地而後生，才能驅趕走他人生不幸的開始。

桑道夫就像《基督山恩仇記》的基督山伯爵，消聲匿跡了20年後再度重生。凡爾納將《桑道夫伯爵》獻給大仲馬。

凡爾納對神經學家夏爾科(Jean Charcot，下圖)的研究很感興趣，《布拉尼康夫人》(*Mistress Branican*)中就運用了夏爾科的瘋狂理論。

「經過這一切後，我依然看得見精神病院」

其實，現實生活從未悖離杜撰的小說。凡爾納結束地中海的長程旅行後，新的意外已在亞眠等著他：四年前不顧他反對而結婚的米歇爾，把妻子拋棄在亞維農，自己離開了尼姆。作家向艾采吐露：「他和一個不滿18歲的少女來到巴黎，說她懷了他的孩子，還把尼姆的家具都帶走，留下三萬多法郎的債務……女孩的媽媽和舅舅找上門來，一副想要敲詐的樣子。我是絕對不會插手管的。」

爲失落小孩編的謎戲

《桑道夫伯爵》查訪的重心轉向一位少女——也是女人，並不令人訝異。神祕的莎娃・托榮塔其實是莎娃・桑

道夫，她像教堂裡的少女，受到宗教規範的保護，帶著純眞的光環出現在拉居斯港口。

她傳統的外表下有著父親的個性：反抗陰謀與謊言，毫不妥協，以行動反對不公正，既神祕又天眞，散發無窮魅力。

凡爾納逐漸將筆下的主要人物轉到年輕女性身上，重新回溯自己痛苦的少年時期，那時他爲了反抗所屬社會階級的陳規而屢屢心碎。他作品中的男孩如果不是主角的兒子，那女孩也會表現得很出色，因爲她是主角的女兒。凡爾納在接下來的《喀爾巴阡古堡》與《隱身新娘》中，也玩這種男女角色對調的手法。

吃驚的主角

羅比爾和桑道夫相反，他不是偉大的船長，而是失意的天空征服者。凡爾納全心投入創作「哈特拉斯-尼莫-桑道夫」三部曲，勾勒英雄人物的樣貌。他累壞了。他根據達文西的圖稿及達美固(Ponton d'Amécourt；譯註：直升機helicopter一字的創造者)的研究，想像出直升機飛艇，由37具雙螺旋槳推動，超越了熱氣球的空氣動力，結果大獲成功。

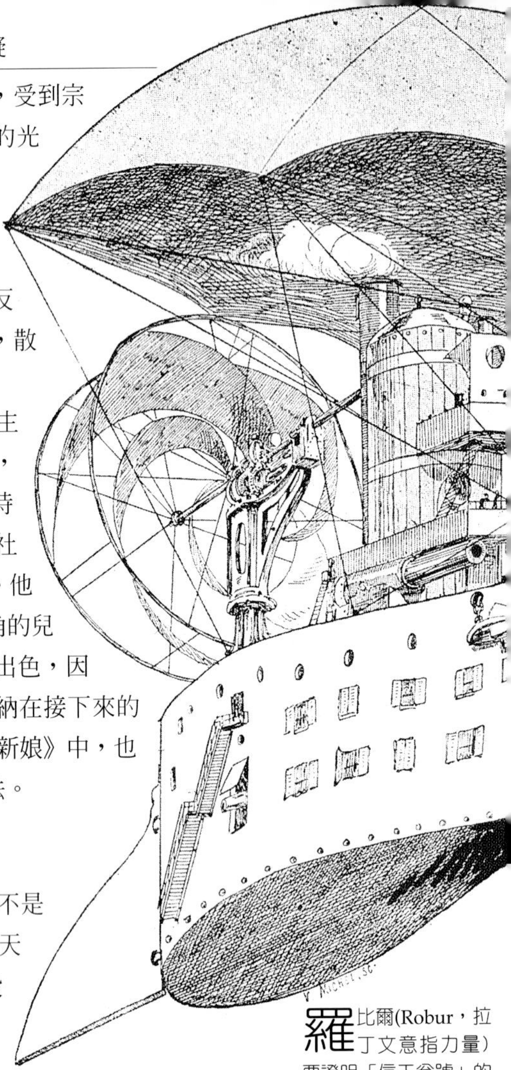

羅比爾(Robur，拉丁文意指力量)要證明「信天翁號」的威力，強行帶走韋爾頓學會的會員。這位天才工程師利用「比空氣還重」的物件征服了天空，但終因過於狂妄自大而發瘋。

這就是主角的壯舉！

革命性飛艇的主人因爲避不露面而聲名遠播。凡爾納筆下的船長們可分爲兩種類型：英雄與懦夫。羅比爾兩種都不是，甚至不討父親歡心。凡爾納成功發展出這個新主角，堪稱是講究實際的現實社會的典型人物；作者認爲這個充滿幻想的人不該屬於未來。如果上帝眞如宗教所言置身天際，那是因爲人類孤獨地生活在群星之間，所以勢必得在未來創出新的行爲模式。

作家保持幽默感來看待科學上的驚人技術。弗里科蘭絕望地看著螺旋槳：

「這個東西有沒有壞過？

-沒有，但總有一天會壞掉。

-爲什麼？……爲什麼？

……

1884至89年間，凡爾納寫了四部歷史小說：《烽火島》(*L'Archipel en feu*)描述希臘民族主義者抵抗土耳其占領軍；《北方對抗南方》(*Nord contre Sud*)贊同廢除奴隸制度，反對南部聯邦；《法蘭西之路》(*Le Chemin de France*)將瓦爾米(Valmy)戰役搬上舞臺；《無名家庭》支持加拿大的法語區人士對抗殘暴的英國人。

莒勒與歐諾琳的畫像，掛在亞眠家中的沙龍裡。

-所有東西都會變舊、變老、變壞，家鄉的人都這麼說。」

沒錯，所有東西，即便那個有志者事竟成的神話也是！物體不曉得思想是有其限制的。危險來敲門了，雖然哈特拉斯在火山口裡發瘋並無損當時的文明發展，但18年後在《世界的主宰》(*Le Maître du monde*)裡，天空之主羅比爾的瘋狂卻造成毀滅性災難，威脅整個星球。

「凡爾納先生與夫人的環遊世界大…大旅舍，只限今天可免費暢飲」

1877年的宴會，歐諾琳無法出席，莒勒便在1885年3月8日為妻子舉辦第二場盛大的化妝舞會。

夫妻倆扮成旅店主人，在新家接待全亞眠的鄉親父老。莒勒塞起假肚子，繫著圍裙，活脫就像市集裡的旅店老闆。歐諾琳則不時轉動大湯鍋裡的蔬菜。宴會非常成功，女主人心情好、氣色佳，談吐又風趣，表現十分亮眼。她的兩個女兒都在亞眠出嫁，始終陪在她身旁。

歐諾琳如今已是上流貴婦，有名又受歡迎，每週三晚上舉辦文藝沙龍。

亞眠的布爾喬亞

凡爾納在亞眠過著舒適的生活，定期參加城裡的活動。亞眠逐漸成爲他的社交生活圈。既然法蘭西學院對他不感興趣，他就離開巴黎。三石街劇場的包廂提供他足夠的娛樂，通常他和歐諾琳在洲際大飯店用過晚餐後，就去那兒看戲。每天早上天一亮，他就從五點寫到十一點，早早吃了午飯，之後就到工業協會的圖書館，在那兒查閱當天所有期刊，修改艾朵寄還給他的校稿。接下來，上亞眠學院或儲蓄銀行，他是那兒的理事。他下午接待訪客，有時在家接待，有時則挑選工業協會的某個會客室。

上圖是凡爾納與工業協會的會員。凡爾納生前就已是傳奇人物：義大利小說家狄・亞米契斯(De Amicis)還曾為了證實凡爾納確有其人，而親自前往拜訪。義大利有謠言說《奇妙之旅》是數人合作的成果，最荒謬的則是質疑作家存在與否及其出身背景：波蘭人視他為同胞；匈牙利人則是把作家的名字翻譯成Verne Gyula。

他也參加歐諾琳舉辦的宴會，其中有許多遊戲與朗讀活動，他會靠著壁爐待一會兒。他很少發言，但碰上感興趣的話題也能振振有詞，然後在十點左右離開。凡爾納在那十年間享受他的成功。到了1886年初，短短一個月內發生了三件事，爲他的人生投下變數，開啓另一段歷程——《桑道夫伯爵》似乎成了某種預兆。

1886年：這一年的2月……

作家的版稅漸漸變少了，出版商的出貨清單可資證明。雖然凡爾納的收入足以供應夫妻倆的生活所需，但他還是憂心忡忡。他寫信給保羅：「你一直很快活，就繼續保持快活。我可是快活不起來；這些負擔讓我對未來充滿恐懼。米歇爾無所事事，啥也不幹，白白浪費了我20萬法郎，還養了三個兒子，眼看他們的教育費就要落到我頭上。總之，我完蛋了。」

爲了拯救生意失敗又破產的兒子，2月15日，凡爾納賣掉「聖米歇爾三號」，因爲維修船隻外加養一批七到十人的船組員，所費不貲。

1886年3月9日星期一，下午五點

他的心情仍受賣船所影響……那天傍晚，他在花園的門口被保羅的小兒子加斯東(Gaston Verne)叫住。兩人起了短暫爭吵，後來加斯東掏出手槍，莒勒試圖取下姪子的武器。結果有兩發子彈射了出來，一發射中木

門，一發射中作家的腳。整整一個月，醫生一直要取出子彈，最後還是放棄了，不斷有專家出現在凡爾納的床沿，令他不勝其煩：「他們豎手無策，只會說！」從此他跛腳了。

意外發生八天後，他在醫院獲悉艾釆的死訊，從此失去人生的至交與後盾。「我沒能看你父親最後一面，他也曾是我的父親，我竟無法陪伴你們爲他送終！」他只能寫信安慰艾釆的兒子。他的出版商走了，他知道自己的人生也來到最後的轉折點。

普羅米修斯有危險了

在這段漫長的療養與消沉期間，歐諾琳悉心照料他，他又開始寫作。然而他一直以來對科學的熱忱因摻進新的憂慮而逐漸暗淡。這種雙重性曾出現在《佐奇瑞大師》與《牛博士》(*Docteur Ox*)，隨後出現在《印度

以下是艾釆(上圖)寫給凡爾納的最後幾封信之一：「大家認為法國人頭腦靈敏，其實錯了。如果不再三提醒，他們什麼也做不成，最好還有第二次機會讓他們重新來過。」

1888、89年的《上下顛倒》的故事著眼於瘋狂的科學。「大砲俱樂部」的主席依然是巴比康(左圖)：他們曾經把人送上月球，如今想改變地軸和取消四季。1891年的諷刺短篇《拉東一家》(*Les Aventures de la famille Raton*)，尋覓單純的幸福，發表於《費加洛畫報》。

貴婦的五億法郎》，1888年在《上下顚倒》重新掀起高潮。

凡爾納一直想修改自己在早期作品中對科學的看法，他認爲那些想法太過樂觀了。但他始終沒能做到。沒有人想聽這些。他一直爲兒童喜愛，他們的父母是看他的作品長大的，願意把作家的熱情傳遞給下一代。第一批讀者長大成人後仍將繼續稟持「進步的未來」信念，爲自己的決定辯護，不管那決定是出色還是愚蠢。上述的信念，是作家一路努力奠定下來的。

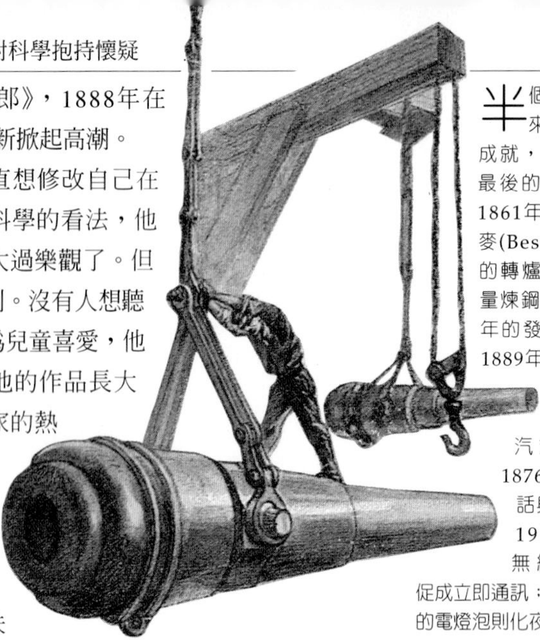

半個世紀以來的工業成就，造成他最後的轉變。1861年，貝斯麥(Bessemer)的轉爐開始大量煉鋼；1872年的發電機與1889年的水力發電讓蒸汽式微；1876年的電話與1890-1901年的無線電報促成立即通訊；1881年的電燈泡則化夜晚為白晝。50年內，鐵路取代了緩慢的河流運輸，汽車也在1883年問世。

「從此加入老人的行列」

凡爾納想拋棄充滿神話色彩的英雄，重新回到人的身上，重拾樸實的責任。在《美麗的黃色多瑙河》(*Le Beau Danube jaune*)中，主角是個退休人物，像他一樣，是自我時間的管理人，測量與死亡之間的距離。

在19世紀即將結束時，拜訪凡爾納的人一致認爲，眼前的作家純樸、有禮、和藹，仍然充滿熱情，罵起笨蛋還是很犀利。然而，機器畢竟還是生鏽磨損了，腳上殘疾未癒，加上糖尿病引起暈眩，還有高血壓造成顏面神經痲痺。

艾朵的兒子接下父親的工作，和作家相處愉快。以前爲了與出版商長談，經常前往巴黎，但隨著出版商去世，兩地往返已不再有意義。小艾釆並不干涉凡爾納的工作。由於不可能再出海航行，作家變得深居簡出。他開始集郵，也算另一種旅行。

「我屬於保守黨」

1888年，他以激進社會黨員的身分當選市議員，他不擔心有什麼矛盾，始終認爲「可怕的政治用它庸俗的外衣掩蓋了美妙的詩篇」。他在市議會對瓦律說：「好幾個同事是瘋子，不過，總有辦法讓他們安靜下來。也有幾個通情達理的，不錯！還有幾個是白癡，更好！他們的提議讓我心情愉快，這我倒很需要。」他在市議會待了16年，捍衛城市的綠化空間，反對破壞自然景觀的建築計畫。他自13年前在亞眠學院發表有關理想城的演說後，即爲實現此一理想而奮鬥不懈。他重拾活力，還對抗新市長，要把城市的

《理想的城市》(*Une ville idéale*，即公元2000年亞眠)，純屬幻想。凡爾納一區區地想像未來城市的樣貌：舒適、為大衆謀福利；但其中也有約束：婚姻的義務、監督醫療安全。凡爾納面面俱到，勾畫出他心目中的「理想島」——但他知道那是不可能的。

凡爾納與愛犬福來，攝於查理-杜博街的自宅花園。

補助金撥給學校用於醫療，而不是移作安頓軍隊之用。他獲得這場勝利後，寫信給小艾采：「我們推翻了市長，我爲這場戰役全力以赴。」

再說到市集活動，他支持街頭藝人，促成建立永久的馬戲場，好接待各地遊客。他對藝術家生活的喜愛，從他開始在劇場工作以來就沒停止過。兩個在市

凡爾納撰寫《喀爾巴阡古堡》時，作曲家奧芬巴哈剛編完〈霍夫曼的故事〉，于斯曼(Huysmans)已發表《背道而馳》。後來寫出《非洲印象》的胡塞爾(Raymond Roussel)拜訪了凡爾納，將凡爾納式的浪漫主義與超寫實的夢境連在一起。

集賣藝的雜技演員：壯碩的馬提夫(Cap Matifou)和瘦小的伯斯卡德(Pointe Pescade)，就像他在《桑道夫伯爵》裡描繪的喜劇英雄。到了1890年，他則把返回法國尋根的任務——與弗格環遊世界的方向相反——交給流浪已久的街頭賣藝者《凱撒・加斯加貝爾》(César Cascabel；cascabel在西班牙文意指「鈴鐺」)。

亞眠的馬戲場和鐵道離查理-杜博街很近：凡爾納可從書房的窗子觀看這幕景象。

偉大的發明伴隨為夢想服務的虛構能力而來，例如：1877年的留聲機以及1895年的電影放映機。上圖是1863年短篇小說《騙局》(*Humbug*)的插圖，描繪放映影片的一幕。

「深入未知尋找新意」(波特萊爾)

《喀爾巴阡古堡》寫於1884年，1889年完成，故事發生在匈牙利的外西凡尼亞(Transylvania)，桑道夫就是在那兒展開他的歷險過程。這兩部小說都是以一位婦人的死亡為故事起點，阻止即將舉行的婚禮，讓情敵雙方瀕臨瘋狂；其中一位發明全像攝影(hologramme)，以鬼魂現身。凡爾納結合了留聲機、攝影術和電影放映機。他編出的效果，與雷射光所製造的類似，他的傑作擁有「未來」才會出現的奇妙閃光。他宣告了一個世紀的視聽魅力。

愛與死的雙生性

《喀爾巴阡古堡》這部小說運用新科技讓死去的婦女顯形，《隱身新娘》則是它怪異的反面。在奧匈帝國「軍隊界限」的某個駐防地，威廉・斯托里茲從物理學家父親那兒獲得隱形的祕密。由於他遭到布爾喬亞社會排拒，他就利用隱身處方避開眾人耳目，帶走大家不讓他接近的少女。這位女孩活得好好的，但斯托里茲的死帶走現身的祕密，使美麗的米拉變成隱形人。

米拉的婚禮被不擇手段的威廉中斷過兩次，最後總算得以舉行，但在教堂祭壇前方，新郎手挽的那位佳人，就算眞有其人，聽得見也眞活著，卻沒人看得見。米拉是幻影，凡爾納表現出對婚姻的厭惡，這點從未在其他作品出現過。這一系列作品以未完成的《美麗的黃色多瑙河》告終。退休人士划船沿河而下，最後會有怎樣的結局呢？米歇爾繼續接手創作這部作品，取名《多瑙河領航員》(*Le Pilote du Danube*)，以代父親作答。在這部歷險記中，每個人物擦身而過，失去聯絡，壓軸好戲是揭露他們多重的祕密身分，這是凡爾納要塑造的完整英雄形象。

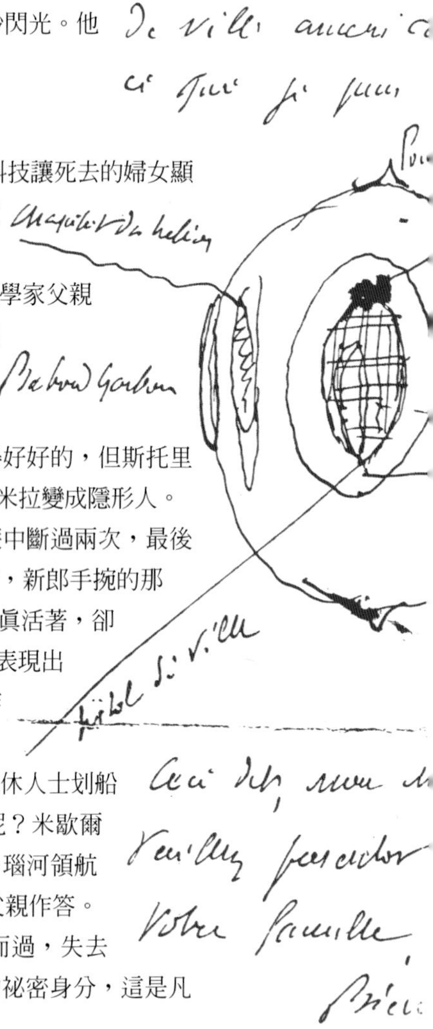

從尼莫到XKZ：新世界散發的魅力

XKZ是《怪人的遺囑》(*Testament d'un excentrique*)中的「無名氏」，他安排自己假死，操縱一個龐大的跳格遊戲，遊戲中的格子就是美國各州。凡爾納在遊戲中揭露不同社會階層面對金錢的反應，描繪多種形式的成功和尖酸刻薄，這在他的作品中前所未見。他把這些角色的生活表現得像個大玩笑。遊戲的宗旨是：爲了社會的進步，所有財富都應該經過再三規畫，但是作者在遊戲的背後，對曾爲作品增添光采的理想國有了一番省思。尋找黃金的長征開始了，它所造成的貪婪、追求致富、道德低落，對人類不啻是場災難。

斷翅人

凡爾納拒絕解除《奇妙之旅》的道德標準，但他懷疑人會經由自省而讓自己受到一丁點限制。

哈特拉斯爲了實現夢想而沉淪在瘋狂中。尼莫在神化了的孤獨中死去。桑道夫在安泰基特島上會幸福嗎？他在作品中實現的理想社會，也許正是他憧憬的社會，但什麼是幸福，他從未談論過。能夠交棒給年輕人，希望他們做得更好，他就很滿足了。

有關《機器島》，他向班奈特提出如左圖的插圖計畫。這部作品嘲笑技術完美、但人民不知道還能做什麼的社會。一味滿足自我，從無所事事到對立競爭，富有的理想社會最後沉入了太平洋。

《2889年美國新聞記者的一天》(*La journée d'un journaliste américain en 2889*，下圖)，原是米歇爾(上圖)發表在美國《論壇》雜誌的文章，經凡爾納重寫後於1891年在《小報》刊載。

凡爾納去世後，兒子米歇爾改寫《在麥哲倫》(*En Magellanie*)，以《約納丹號歷險記》(*Les Naufrages du Jonathan*)之名出版。這是凡爾納最後一次回到英雄面對城市職責的主題：上了年紀的勒柯吉熱愛自由，如果無法保有獨立自主的身分，他寧可自殺死去。

他終於建立了勤奮的社會，和《神祕島》五名落難者建立的一樣理想。然而這一次，逃離海難的多達九百人，群眾帶來的負擔，加上金礦的出現，將理想國的夢想引向第二場災難，和「約納丹號」的乘客前往美好世界途中遇上的一樣恐怖。

最終的救贖，來自勒柯吉的人道主義與正面實際的精神。爲了尋求可行的解決方法，只得強行建立法條，甚至制定等級，否定了人人平等的夢。法制，是凡爾納向傅立葉派與聖西門派建議的出路，這些理想主義者從《奇妙之旅》一開始，就構成了所

有個人主義行動的背景。建造燈塔是麥哲倫移民的傑作，保護它，則是《世界盡頭的燈塔》(*Le Phare du bout du monde*)看守員的責任。

「我20歲的理想是旅行」

「這個理想只實現了一部分，我只得開始在想像中旅行，弗格環遊世界80天後，不久我也以80本書環遊了世界。」

凡爾納的最後一部小說是《世界的主宰》。發了瘋的羅比爾患有自大狂且道德淪喪，不顧致空權在戰略上的角色，預示了道德價值標準錯亂的世紀，再加上科學的突飛猛進，終將引發恐懼和失序。

凡爾納靠米歇爾的幫忙，改寫了最後幾部作品。

1905年3月25日，他因糖尿病發作與世長辭，享年77歲。

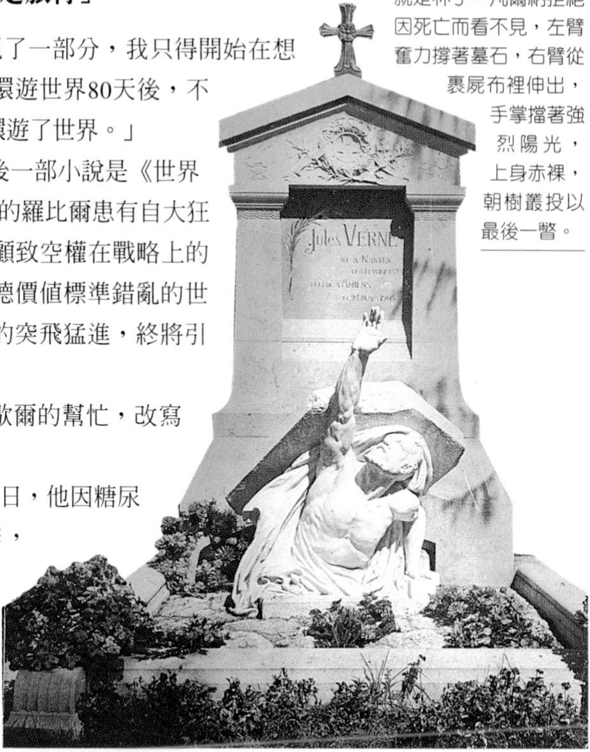

「邁向不朽與永恆的青春」

法國政府並未派代表參加作家的喪禮。法蘭西學院則再度保持緘默。反而是當時人在航海途中而不克前來的德國威廉二世皇帝，以彷彿全球發言人的角色發表感言：「如果可以的話，我一定會加入送殯行列，因爲我清楚記得，年少時從這位已故偉大小說家的作品裡領受到的魅力。」

在索姆河畔，瑪德蓮公墓的山坡上有條彎曲小徑，兩旁是布爾喬亞家庭的墓園，路底種滿紫杉，再往外就是林子。凡爾納拒絕因死亡而看不見，左臂奮力撐著墓石，右臂從裹屍布裡伸出，手掌擋著強烈陽光，上身赤裸，朝樹叢投以最後一瞥。

Природа и Люди

見證與文獻

青年時期的書信

莒勒1948年20歲時來到巴黎，1857年結婚，這段期間他與父母定期書信往來。他隨性自在的書寫風格，讓我們真切掌握他的生活、他的個性、他的風趣，以及他熱中的巴黎文藝活動及新奇有趣事物。以下信件摘自杜馬(Olivier Dumas)1990年彙編的文集。

1848年12月29日，星期五。
莒勒一到首都，姑父夏托布就引介他進入巴黎的文藝沙龍。

巴黎，1848年12月29日[星期五]
親愛的爸爸、媽媽和各位心愛妹妹，

[…]我常去這些文壇仕女的寓所，見識到這些附庸風雅者的淵博知識。雖然我想說她們還是有些膚淺，但無論如何，她們爲談話刷上一層不知什麼漆，使它更添光彩，就像那些青銅器，材質粗糙卻閃閃發亮！再說，這類青銅般的對話，不必花太多錢即可擁有！無論如何，這些上流社會接待的賓客似乎都是當時有頭有臉的大人物，而你卻可以熱絡地跟他們用「你」交談、稱兄道弟一番。趨前同她們握手的是拉馬丁、馬哈斯、路易-拿破崙；這邊是公主，那邊是伯爵夫人；大家談論著車子、馬匹、狗兒、獵人、皮件、政治、文學；以全新的觀點批判他人，但錯誤百出。根據雨果的說法，這一點來自目視上的錯覺：有些人總是堅持自己看到的燭光是星星。在我看來最有意思的是：這圈子的特性足以代表整個社會！

儘管大家和和氣氣談論各式各樣的話題，儘管偶有意見不合，卻不會演變成火爆的爭執，但各廂爲了堅持己見，也絕不會做出一丁點讓步；大家都認識，有話好說；彼此很少主張什麼

理論，但誰也別想說服誰。然而對待那些視爭論爲無物的人，大家就會暗中各自角力，設法把他們拉到自己這一邊；我就是其中一例！每次事後再看到這些人，我總會聽到以下對話：你可得提防著點某某夫人，她的確很貼心，但很虛僞；還要小心某某先生，他以爲自己做的是學問，其實錯得一塌糊塗！結果我成了這些小陰謀的保管人，我什麼也不說，只是從中獲利。

我只說些別人說過的東西，我很清楚最好取悅大家！坦白說，怎可能不覺得我有魅力，況且，我總是贊同對方的意見！我曉得自己不能有什麼個人見解，否則就是自取其辱！[…]哦，20歲啊20歲！眞希望哪一天他們也變成20歲！[…]

愛你們的兒子與哥哥

1852年1月17日，星期六

莒勒的父親建議他回南特接手自己的訴訟代理人事務所。以下是莒勒的回信。24歲的莒勒表現出頑固的決心，堅持要走自己的路。1852年初，他寫信向父親大人攤牌。

巴黎，[1852年]1月17日[星期六]

親愛的爸爸，

該怎麼答覆你呢？我也不知道，我問了一些朋友，給他們看了你的信，大家所見略同：誰要是不立刻接受你的提議，誰就是瘋子，除非那人的立場和我一樣；但我不是要討論自己確定的未來，只是想從精神上和實質上，知道自己是否能好好接替你的職位。

我多少次聽你抱怨特權的不穩定；處在這個動盪的時代，常常要擔心苦心經營的事業毀於一旦；再說難保那付出昂貴代價掙來的身家地位，哪天不會化爲烏有。

親愛的爸爸，還記得你這些憂慮嗎？我發誓，我也曾經爲此十分擔心，以後你就會明白，現在這件事讓我多麼猶豫了。

從另一方面來看，我現在比較了解自己了。你總是要我注意自己的一時衝動；我可能遲早還是會失去理智，這一點我很肯定。

我想最適合我的職業，也許就是我正在做的這個。我對金錢的野心不大，如果能賺到三、四千法郎，我就很滿足了，我的欲望不會隨財富增長。假使我做不到，絕不是因爲沒有本領，而是缺乏耐心、氣餒所致，所以啦，到那時，世上最適合我的，就是把我拉回巴黎的律師席。

媽媽提到佩沃小姐，問我喜不喜歡這小女孩。看來你們認爲她和我在一起很開心。媽媽對我說過不下百次，她很同情我未來的妻子。我還不夠格處理這些人生大事，這一點我很清楚。

我本來還想繼續這個話題，但我正好被指派擔任第三抒情歌劇院的經理祕書，這間國家歌劇院是巴黎的大型劇場。那兒的朋友都熱烈爲我祝賀，他們當然幫我和所有長官、記者和作家都搭上線。剛開始只有1200法郎，而且以後也不會增加；也許再過幾天就要上工了。就讓我們先試試這些方法，等今年過去再說吧。

銀行的人事不會改組；星期四才在維內斯先生家吃了頓豐盛晚餐，他把我介紹給他家人。

我寫信給咪咪阿姨了；我有看到亨利，他很痛苦。

再見了，親愛的爸爸，你的好意讓我感動萬分。大家都想向你表示感激，因爲你總是支持我們、幫助我們，但我不也是面對現實、理性說出自己的想法嗎。

我知道自己是怎樣的人，我清楚自己將來會變成什麼，所以你怎麼放心把經營得這麼好的事務所交給我，到我手裡恐怕只會經營不善，什麼錢也賺不到。

再見了，親愛的爸爸，我向大家獻上我的吻。

媽媽和妹妹們要記得常常寫信給我才好！

我是不是應該爲亨利戴孝？

敬愛你的兒子　　莒勒．凡爾納

我收到德拉波(Delaborde)夫人的信，她婆婆好像剛去世；她的信流露一股悲傷氣息。

1852年12月2日，星期四

當莒勒發現抒情歌劇院的祕書工作酬勞很微薄時，一定非常失望，尤其這和他在年初跟父親說的相反。他向父親作了番生動的解釋。

1852年12月2日[星期四]
親愛的爸爸，我向你保證，我現在唯一想做的，就是爲我的繆思效勞，越快越好，因爲我實在無力償還你這幾個月來的濟助；儘管你對此懷疑，也不無辛酸抱怨，但我保證所言不假；我眞的急著想談一談祕書的工作和工資這件事。

南特這愚蠢的城市，有些地方住的盡是些傻子、老粗和白癡！是哪個笨蛋聽說我拿到工資了。

親愛的爸爸，我以榮譽發誓，我受夠了這些拿我的存款搬弄是非的人，如果讓我知道是誰，我會賞他個耳光，教他管好自己就好，少管別人閒事！大家好像一心只想在你面前詆譭我。

親愛的爸爸，既然你這麼懷疑我說的話，我就不再以任何良心或榮譽發誓，說我以前講的都是眞話。

我只重複一個非常簡單的理由：我加入了劇作家協會，該會不允許劇場經理在自己的劇院演出自己或「職員的」劇本。如果我的歌劇在劇院上演，是因爲我以業餘愛好者的身分在劇場工作，既是以業餘的身分工作，自然就「領不到薪水」。

親愛的爸爸，我對此深表遺憾，必須採用這種強迫推銷的三段論說法；我寧可老老實實向你保證，說事

實就是如此，但你好像不相信。你可以查證我說的是否屬實，難道我會故弄玄虛。

眞不知道我幾歲了，還是大家到底以爲我幾歲。不過，在我心裡，那個造謠的人與我結了仇了，我會報復的；類似的事已發生好幾次了。我的事情只有我的父母可以過問，其他人無權置喙。我不管別人閒事，卻得不到安寧，讓我很氣憤；而你竟然不聽我的，反而去聽信那些敵人或笨蛋的話，更讓我大受打擊。

沒錯，親愛的爸爸，大家互相幫忙嘛。經理需要我，我需要他。我爲他付出一些時間，他則採用我的劇本；當然也有劇本不用這樣也能演出。但如果到了40歲還得做這個工作，那我寧可上吊！

你怪我只做自己喜歡的事，別的都不在乎。要是我只按照自己的心意行事，我早就回南特看你們了，也不會白白讓人綁在這兒，還不如待在家裡工作！

上次生病的時候，我因爲沒有聽瑪麗的話，太早回劇院，差一點舊疾復發，那是因爲我要是再請長假，就會損害自己的權益。

我犧牲了那麼多才換來現今的成果，若是失去，那不如痛苦的死了算了。

所以，親愛的爸爸，請相信我絕對沒有一意孤行。別再指責傷害我，讓我難過，我需要更多安慰和鼓勵。

上回劇院重新開張，我沒跟你說我還要再回去，因爲我知道這工作讓你不大笑得出來。其實我也不太喜歡，但我逆來順受，期待有天能出人頭地。[…]

所以，親愛的爸爸，請相信我所說的一切；眞不知我過去做了哪件事讓你現在如此不信任我。事情演變成這樣，眞令人沮喪。你的信讓我驚訝萬分，久久無法釋懷。

我想盡辦法要找出說我壞話的人，好揭穿他們的謊言。說眞的，我對這些同年齡層的人很感冒，而且恐怕會更厭惡他們。

M. P. Chevalier明天從鄉下回來，我會跟他處理博物館的事，那樣我就欠你七塊五法郎；他應該會收下這筆還款。說到我的稿費，眞的太誇張了，如果不多付我一點錢，我就再也不寫了。親愛的爸爸，我有額外的錢要給你，說話算話，有機會就會寄給你；但請你一定要就這些事作個回覆。

親愛的爸爸，我需要更多的父愛而不是懷疑，因爲你上封信讓我難過不已。

向你、媽媽和各位妹妹獻上我的吻。

敬愛你的兒子　　莒勒・凡爾納

1852年12月31日，星期五

莒勒喜歡逗母親，大多用詼諧戲謔的口吻寫信給她，這是他向母親表現親密的方式。他在以下這封信化身成有個「大鼻子」的西哈諾(Cyrano)，祝賀母親新年快樂，也向50年前羅斯丹(Edmond Rostand)這齣劇作致敬。

巴黎，1852年12月31日[星期五]

夫人，

我適才從少爺的口中得知，您願意寄贈手絹給他；我請他允許在下向您致謝，他大人大量，親切授與我這個權利。

我與他結下不解之緣，緊緊相繫，只要他還活著，我就絕對不離開他。簡言之，我是他的鼻子。由於寄贈手絹特別與我有關，所以他允許我寫信給您。

夫人的主意太妙了！我們即將邁入流行感冒和流鼻涕的季節，能在冬季惡劣的氣候收到如此珍寶，實感欣慰。

夫人，藉此機會，我向您說幾句關於令郎的眞心話：這孩子太優秀了，我眞爲他驕傲，他已經戒掉用手指把我撐大再鑽入深處的習慣。他甚至關心起我這兩個入口，時常照鏡子注視著我，覺得在下符合他的審美觀，也許只是因爲他露出特別迷人的微笑。

此外，我對自己也沒什麼好挑剔抱怨的；可能有點長，但外形讓人想到古代的玉石浮雕；再說少爺不論何時何地，總要突顯我的存在。有些年輕仕女也挺欣賞我的，總有一天我會變得驕傲自滿。

夫人，如果不是這段時間，貴公子總愛搓他的翹鬍子，我也不至於爲自己的命運叫屈。他太常摸那鬍子了，讓我嫉妒不已，無奈總是天不從人願。

此外，多虧了夫人您，我在這世上才有立足之地。據說我的外形和某個同類很像，他就住在您的額頭與雙唇之間。可惜的是，我與這位親愛的朋友久未謀面。沒辦法，我離不開少爺。

據說他是詩人，我偶爾看他忙著寫詩。我討厭這活動，因爲他這時總要用力拉我幾下，或拿袖子擦擦我，讓我很不舒服。不過我樂於相信，等他收到您說的珍貴手絹後，從此我將浸淫在優雅精純的荷蘭浸禮中，這和我美好的個性眞是太配了。

此刻，我正好有點著涼，左邊的鼻孔不太聞得到街上傳來的甜美香氣。身體狀況倒還好，沒有太多分泌物。

令郎囑咐我爲您獻上無比祝福。他也要感激他父親，匯票已如常寄達，數字還逐年增加，他已立即將它換成流通的現金。聽說家鄉開始迎接嘉年華會，我很開心。

相信我，夫人，我絕對不會被塞進那個凌亂擁擠的古老衣帽櫃裡。我十分看重自己的名字(譯註：即「鼻子」)，令郎絕不會讓我到那種危害健康的髒地方。

夫人，請將我含涕的敬意轉達給家中所有對應的成員，並請務必記得向我的兄弟，也就是少爺這位討人喜歡年輕人的妹妹們的鼻子，致上我吸鼻子的祝福。

夫人，有了新手絹的我，

將是令郎十足尊貴、萬般頎長的鼻子。

分身　Nabuco

1854年5月6日，星期六
莒勒喜歡扮小丑。他和莫里哀一樣欣賞作家拉伯雷(François Rabelais)，愛捉弄人。這封信一開始寫的是實情：他再三請母親爲他找個體面的結婚對象，母親於是爲兒子安排了相親，地點就在莫塔尼(Mortagne-sur-Sèvres)，某位貴族少女的家中……

莫塔尼，1854年5月6日[星期六]
親愛的媽媽，

[…]妳還記得，我第一次登門拜訪時，他們是怎樣得罪了我；還有，這家人習慣用來放接見信的那些托盤！……

那天我回到「雙角」旅館，一想到是我主動踏出這第一步，就覺得無比尷尬；更別提我都還沒見到那位未婚妻哩。不是我說，她得具備無數美德，才能彌補她一家子的缺點和可笑行徑。

爲了忘掉他們，我便到城外散心解悶。走來走去心裡很難受，太陽在我身上投以嘲弄的陽光，兩旁的樹木也對我做鬼臉。扮演這種可笑的配偶，眞是太丟臉了……

突然，有個胖子來跟我搭訕，他眞的很醜，醜斃了，令人發噱，而且很蠢，蠢透了……每餐必吃薊草。我立刻認出他是艾美奈吉(Erménégilde)的家人——嘿，這不是我未婚妻的名字嗎！

這位仁兄正是她爸爸，是位退休公證人，也是馬車夫的朋友！他風趣地拍了一下我的肚子，力道大得足以讓我想把午餐還回去；他倒是一副神色自若的樣子。這一帶都用這方法出手問候寒暄。他說：「我說，今天早上，內人接見你時，我正好不在家，到水肥坑去啦！」哇！我在心底暗叫一聲！「先生，您太客氣了！」我大聲回應。「很棒的水肥坑唷，」他說：「我自己用母牛的尿做的！是我的收入大宗！」爲了轉移話題，我說：「我還沒這個榮幸見到艾美奈吉小姐呢。」「她陪我一起去了，說到這個，她可是箇中好手，小伙子，將來這水肥坑就是她的嫁妝！」不會

1857年1月10日，歐諾琳成為凡爾納夫人。

吧，母牛尿具有腐蝕性耶，會……而且，我可跟你說了，我也有些能讓人腐壞的……特性，我這樣暗忖！他繼續說道：「我養畜牲的那些地產啊！我為牠們付出關懷，牠們回報我糞肥！」先生，這一行這麼賺錢眞是難以置信。我兄弟專把糞便製粉，但他賺得可比您的僕人還少。說到母牛尿，我倒有個身材壯碩的經紀人！(沒辦法，避不開母牛尿)「你看這個。」他彎下身，撿起路上滾動的一粒馬糞，熟練地為它剝去纖維質，看得出來他很習慣這麼做，接著說：「聞聞看，」一股腦把它湊到我鼻前。我大驚失色地往後退！「別怕，」他邊說邊笑：「我很熟的！」眞有他熟的，我暗忖。「再說，它幾乎沒什麼味道，以我的本領，再加上珍貴的母牛尿，它就會爛掉、分解、腐壞，得出一種很臭但很乾淨……」「是很髒吧？」我說。「不對，是乾淨到滋養土地的肥料。」他很自豪地告訴我：「您知道我做事一向大手筆，我有好幾池的母牛尿、好幾堆糞便，池子大到我還在裡面放艘船，帶著全家遊池，您跟我們去一回，就知道有多有趣了！」……

親愛的媽媽，這個人就是具有這種M(譯註：即merde，大便)才能。這番令人噁心的言論不禁令我反胃，我不相信自己是在莫塔尼，簡直像在小城(La Villette；譯註：19世紀上半葉是大水池，後來變成屠宰場)！他還在我腦袋灌輸什麼水肥車之類的談話，要不是我這位丈人拍我一下，完成了這場代價不菲的犧牲儀式，我肯定會把午餐給吐了出來。

我要是早知道X先生的這些特點，就會叫他「M. Q」(譯註：法文髒話的縮寫)。這位X先生挽起我的手臂，帶我走遍整個鄉間。此人有極特殊的癖好：喜歡走在泥漿路上，而且貼著牆走，時不時還會發表腐臭的言論。

不久，我們到達他某個專門養家畜的地方。是養在家裡的唷！如果有哪個養在家裡的敢在我面前像眼前的動物那樣，就有他好看。

不過，為了幸福著想，什麼都得忍！可憐的艾美奈吉，妳最好美麗漂亮又迷人，我才同意把妳身上流的祖先血液娶回來。

聽我說，親愛的媽媽，我帶著最老實的想法來到莫塔尼，我的心是規矩人的心，但詩興大發，我已準備好要為這值得紀念的日子找出所有可入詩的地方。

當岳丈問我：「您認為我園子裡的這片丘陵如何？」(隆起的坡地一片翠綠，帶有魔力？)

我毫不猶豫地回答他：「蓋上隱士屋，頗具吸引力，帶著未婚妻，躺在月光下，那該有多好。」

X先生回以「嘿嘿嘿」，「為什麼嘿嘿嘿」，「對，嘿嘿……這片丘陵是糞肥，嘿嘿……」[…]

你摔傷腿的可憐兒子。

莒勒・凡爾納

劇場經驗

1850年6月12日，《折斷的麥稈》
在抒情歌劇院上演；
抒情歌劇院的前身
即大仲馬的歷史劇院，
於1848年底重新開張。
同檔演出的，還有繆塞的
《燭臺》。小仲馬幫忙
莒勒修潤劇本並定稿。

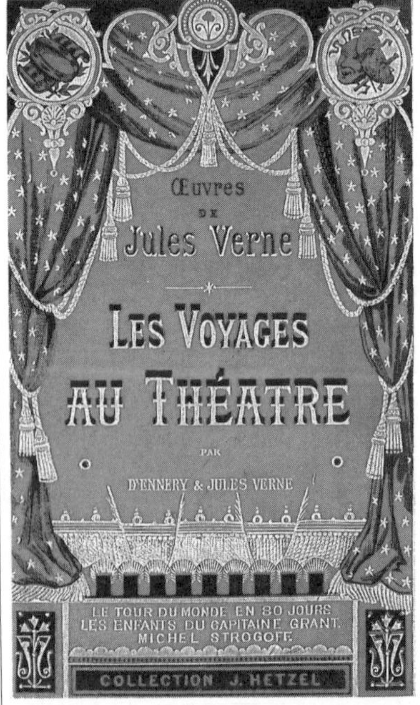

1874年起，「遊記」系列為凡爾納締造戲劇上的名聲。

莒勒將這齣劇獻給大仲馬。

拙作才剛印出來，你就買下它：
我是你金錢與友誼的債務人。
朋友，我那錢袋什麼也付不出，
就讓我的心來替我償債吧！

在這齣描寫感情遊戲的馬里伏式喜劇中，看得出22歲的莒勒掌握了巴黎文藝腔的神髓。

馮丹

想想看，這樣的結合多可笑，
兩種脾氣一場婚姻簡直胡鬧！
活見鬼！是不是！明白告訴各位，
可不是我造成這些不愉悅！
婚姻總讓人變得尖酸刻薄！
這個不想閉嘴，那個也要說！
發火、爭辨、吵架，要不然
這個不想說，那個也不講！
所有這些煩惱一定會發生！
我，生來是男生，死也是男人！
有人拿著同一把湯匙在每個罐子裡
進進出出，咱們可以下個豪賭
女主人年紀大了？另一個肯定偷腥；
男主人上了年紀？另一個好事幹盡；
要是這兩人年歲、癖好都相同，
那麼你偷你的雞、我摸我的狗！
婚姻是場戰鬥，教人日夜耍計謀；
夫人想要這樣，先生卻大不苟同。
看吧，艾斯巴先生他今天
想帶著太太一起去鄉間，
夫人不要去，再一開口就說
她要漂亮的鑽石；先生也能說
回報了幾聲不；小兩口又開槓！

「一起走吧！」「給我鑽石！」「想都別想！」
這叫沒完沒了！

小瑪琳

你可小心！我有證據！
先生他的夫人……

馮丹

那位寡婦閒暇之餘，
不可能，我絕不相信！……

小瑪琳

別再說了，馮丹！

馮丹

好吧，太太做了什麼與我何干？

小瑪琳

說到那天早上，
先生拿出旅行的事反覆問不停，
她煩、她折斷麥稈，算她聰明，
要解決一段大吵，這樣才能贏！

馮丹

折斷麥稈？……難道我是個大蠢蛋！
說是好辦法，但我不明瞭這手段！

小瑪琳

真教人不敢相信，你平常吃的什麼？
可憐的老好人，說來其實不深奧，
從羅馬到巴黎，連小孩都知道。
大家都折過，且讓我來說清楚，
就拿眼前這東西來舉例吧！

馮丹

我洗耳恭聽！

小瑪琳

我假設……
你要我美麗的小帽，我要你的舊禮帽，
我說了，你不給，你想要，我不幹；
既然這樣，只能拉起麥稈折斷。
從那一刻起，兩人就此宣戰。

馮丹

然後呢？

小瑪琳

倘若大人從我手中接下東西，
輸了，我伸手拿走禮帽笑嘻嘻，
要是我從大人手中接下寶貝……

馮丹

我贏你個沒防備！……

《折斷的麥稈》，第一幕

《奇妙之旅》

艾采決定推出凡爾納一系列有關19世紀下半葉各種發明的小說，一開始時採用《漫遊在已知與未知的世界》(*Voyages dans les mondes connus et inconnus*)為名。自1866年12月起，趁著《哈特拉斯船長歷險記》插畫版的發行，封面上就以《奇妙之旅》為叢書名。整個系列包括62部小說與幾則短篇，共有47冊。

《哈特拉斯船長歷險記》以「編者的話」作爲開頭，艾采就像市集上的賣藝人，極力吹捧他的作者，是凡爾納身邊的重要推手。

編者的話

[…]此間最具權威的評論向茹勒・凡爾納先生致敬，尊他爲風格特殊的作家。關於這一點，作家不過是從一開始就在法國文壇占有一席之地。他以無比的想像力與熱情述說故事，是個深具原創性和純粹度的作家，思想靈活敏捷，爲劇情安排許多意想不到的環節，爲他那些大膽的構思更添強有力的興味，媲美那些技巧最嫻熟的藝術家；再說到廣博的知識，他確實已經開發出新的領域。大家常說「寓教於樂，在遊戲中學習」，但很少有人做出來。凡爾納先生每一部感人的作品、每一頁篇章，都淋漓盡致地表現出這一點。

茹勒・凡爾納先生的小說來得正

是時候。當我們看見熱情大眾對法國各地舉行的演講趨之若鶩，當我們看見報章雜誌的藝術及戲劇評論旁必須爲科學院的報告挪出空間時，我們知道，爲藝術而藝術已經不能滿足時代的需求，必須讓科學出現在文學的範疇裡。

莒勒・凡爾納先生的功勞，就在於他以先驅及大師的身分站上了這塊全新的疆域。有位知名學者就曾經公允地評論本社出版的作品：「這些小說就像大仲馬的佳作，能爲各位解悶，又如弗杭斯瓦・阿拉戈的傑作，教導各位。」

不論是大人或小孩、富人或窮人，還是內行人或門外漢，都能從全家的好朋友——凡爾納先生的絕妙創作中獲益良多，興味盎然，並在自家書架上爲它們保留一席之地。[…]

艾采

《哈特拉斯船長歷險記》

要成爲英雄，必先瘋狂，但一般人並不會瘋到那樣的程度。哈特拉斯船長歷經一連串冒險、抵達北極後，竟出人意料地喪失理智。以下是《奇妙之旅》62部小說中第二部的最後幾頁。

[…]醫生和同伴們經歷種種考驗，相互扶持，彼此激勵，終於來到冰山西部的頂峰，但那艘船沒有注意到他們，漸漸消失在他們的視線中。他們不停叫喚，可是徒勞無功。

結果，還是醫生突然靈光一閃，他與生俱來的機智一路上時常派上用場。

有塊冰受到海流推動，正好撞上冰原。

「這塊冰！」醫生用手指著，大聲喊道。

每個人都莫名其妙。

「我們快上去！上去！」他大喊。

大夥兒這才恍然大悟。

「噢！克勞伯尼先生，克勞伯尼先生！」詹森吻著醫生的手不停喊道。

貝爾在阿爾塔蒙的協助下，跑向雪橇，拿走一根支柱，豎在冰塊上，變成一根桅桿，用繩子固定好，然後把帳篷撕開，勉強做成了風帆。幸好吹的是順風。這群被遺棄的可憐人趕緊登上那艘顫巍巍的船，盡速離開。

經過了兩小時的努力不懈，「前進號」上的最後生還者終於讓「漢斯-克利斯汀號」接上了船，這艘丹麥捕鯨船正要駛向戴維斯海峽。

好心的船長接見了這群不成人形的難民。一看見他們悽慘的模樣，立刻明白了這整個遭遇。他無微不至地照料這群人，挽救了他們的性命。

十天之後，克勞伯尼、詹森、貝爾、阿爾塔蒙，還有船長哈特拉斯，來到丹麥西蘭島(Seeland)的科索(Korsor)。另一艘蒸汽船則將他們送到基爾(Kiel)，然後再從那兒經亞托納(Altona)、漢堡，於當月13日抵達倫敦。直到那時，眾人才稍稍從漫長的歷險中恢復過來。

醫生心裡掛念的第一件事，就是請求倫敦皇家地理學會惠予他做報告的機會。他獲准出席7月15日的那場會議。

大家不難想像，那些博學的會員多麼驚訝，而且在宣讀過哈特拉斯的資料，現場竟響起一片熱烈歡呼聲。

這趟獨特至極的旅行，從未在歷史上的大事欄出現過，它總結了以往所有曾經在極地周圍進行的探索。它連結起歷來由佩瑞(Parry)、羅斯(Ross)、佛蘭克林(Franklin)、邁克-克魯爾(Mac-Clure)所率領的遠征，完成了極北地區、100至115° 經線的地圖。總之，他們到達迄今仍無人得以接近的極點。

從未、從來沒有哪條新聞可以這樣意外轟動整個英格蘭。

英格蘭人醉心於這次的地理成就，從勳爵到煉煤工，從富賈到碼頭工，人人都深感激動驕傲。

所有電報網都以疾風迅雷的速度，將這條大新聞傳遍大英王國。各大報紙都在頭版頭條上打出哈特拉斯的名字，彷彿他已為國捐軀，英格蘭舉國上下都驕傲不已。

大家為醫生和他的同伴們慶賀，還由首席大法官陪同，接受女王陛下的隆重接見。

政府為北極的礁岩追認了女王諸島的名字，把那座火山命名為哈特拉斯峰，新北美洲的港口則起名阿爾塔蒙港。

阿爾塔蒙一直沒有離開同甘共苦的夥伴，大家結成莫逆之交。他和醫生、貝爾、詹森一起回到利物浦，受到群眾熱烈歡迎。之前很長一段時間，大家都以為他們已經死了，葬身在永恆的冰塊中。

克勞伯尼醫生始終將這份榮譽歸功於最值得表揚的那一位。次年，在皇家地理學會的協助下，他寫出《英國人在北極》的遊記，書中，他將約翰・哈特拉斯視同偉大的旅行家，足以和犧牲一切、追求科學進步的勇者匹敵。

然而，這位因崇高熱情而受害的可憐人現正平靜地生活在斯丹-考特芝(Sten-Cottage)療養院，離利物浦不遠，是他的醫生朋友親自將他安置在那兒的。他精神錯亂的狀態並不嚴重，但他不說話，什麼也聽不懂，他的話語似乎隨著理智一起消失了。他和外界唯一的感情連繫，就是與愛犬杜克的情誼，所以大家不願拆散他倆。

這種「極地失常」的病症很平靜，沒有任何特殊的外在表現。直到有一天，經常探視這位可憐病人的克勞伯尼醫生卻被他的狀況嚇到了。

這一陣子，哈特拉斯船長每天總要花很長的時間散步，忠犬杜克緊緊跟在他身後，以溫馴哀傷的眼神望著主人。可是船長永遠走在療養院裡的同一條小徑上，向著同樣的方向，只要一到小徑的盡頭，就倒退著走回來。有人阻止他繼續往前嗎？他用手指著天上固定的一點。有人強迫他回頭嗎？他生氣了，杜克也感染到主人的怒氣，狂吠了起來。

醫生仔細觀察他這奇怪的舉動，不久便明白這不變的頑固所隱藏的特殊含義。他猜到了為什麼船長散步總要朝著同一個方向，可以說是受到磁場的影響。

約翰·哈特拉斯船長堅定不移地向北走。

《哈特拉斯船長歷險記》
1864-1865年

環繞月球

凡爾納的《從地球到月球》與《環繞月球》這兩篇獻給月球之旅的小說，描寫完整而精確，謹慎運用所有可處理的知識，盡可能表現出前瞻性；不過，他仍然保持特有的輕快筆觸。以下是一段關於重力與失重的描述。

[…]他們繼續談論著一個又一個令人驚訝不止的現象，尤其是關於重力定

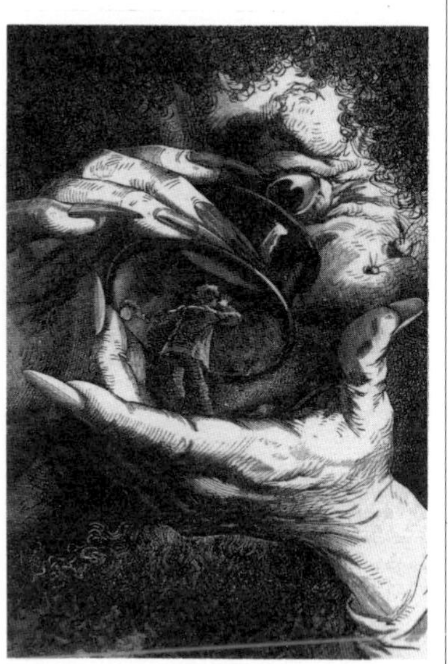

律的抵消，簡直毫無冷場。米歇爾·阿丹興致勃勃，想要從中得出幾個異想天開的結論。

「我親愛的朋友們，」他高聲說：「如果在地球上能擺脫重力，去除那些把我們綁在地上的鎖鏈，可不就像囚犯重新獲得自由！再也不會疲

勞，手腳也免了。如果只想單靠肌肉運動而浮起來、飛到地球的表面，眞的需要比我們現有的力量大上150倍的話，那麼一旦沒了引力，我們只消念頭一轉，隨時就能飛上天去。」

「沒錯，」尼丘爾笑著說：「如果我們能消除重力，就像用麻醉藥消除疼痛一樣，現代社會的面貌就要改觀了！」

「對，」米歇爾滿腦子只想著這個話題：「讓我們去除重力，甩開負擔吧！什麼起重機、千斤頂、絞盤、曲軸，這個那個的機械，根本沒道理存在！」

「說得好，」巴比康反唇相譏：「可是，如果所有東西都失重，那就什麼都留不住了，可敬的米歇爾，到時不但你頭上的帽子飛了，你的房子也會沒了，蓋房子的石塊沒有重量，哪裡還蓋得起來！船也沒了，因爲船靠重力浮在水上。遑論海洋，因爲海水得靠地心引力保持平衡。最後連大氣層也沒了，什麼分子也留不住，全都四散到太空中去！」

「眞討厭，」米歇爾回嘴：「實事求是的人最喜歡粗魯地把你拉回現實。」

「看開點，米歇爾，」巴比康接著說：「雖然沒有任何天體能排除重力定律，但至少你現在要去的這個星球，它的重力比地球小得多了。」

「是月球嗎？」

「沒錯，物體的重量在月球表面比在地球上測出的小了六倍，這是很容易證明的現象。」

「我們可以感覺得出來嗎？」米歇爾問。

「當然可以，因爲200公斤重的物體到了月球就只有30公斤了。」

「我們肌肉的力量也會減少嗎？」

「這倒不會。在地球上能跳一公尺高的，到了月球可以跳到18英尺。」

「那我們到了月球，不就變成大力士了嗎！」米歇爾嚷著。

「不只如此，」尼丘爾說：「如果月球人的身材和星球的質量成正比的話，那他們只有一英尺高。」

「眞是一群矮子！」米歇爾說：「那我不就成了格列弗！大夥都是神話中的巨人啦！離開自己的星球到太陽系走一遭，就有這個好處。」

「但話又說回來，」巴比康回答：「如果你想當格列弗，就只能去那些比較小的星球，例如水星、金星和火星，它們的質量都比地球小。千萬別往那些大行星上跑，什麼木星、土星、天王星或海王星之類的，到了那邊，角色就要顚倒過來，變成矮子的就是你了。」

「在太陽上呢？」

「太陽的密度雖然只有地球的四分之一，但體積可比地球大了132萬4000倍，重力是地球表面的27倍。依照這個比例計算，太陽居民的平均身高爲200英尺。」

「嚇死人！」米歇爾大叫：「那我不成了小不點、侏儒了！」

「是巨人國裡的格列弗。」尼丘爾說。

「說得對！」巴比康回答。

「那麼帶幾尊大砲自衛，一定派得上用場。」

「拜託！」巴比康說：「砲彈在太陽上一點用也沒有，飛個幾公尺就掉下來了。」

「知道厲害了吧！」

「千真萬確，」巴比康回答：「這個大星球的吸力十分了得，地球上70公斤重的物體，在太陽上則重達1930公斤。光是你的帽子就有十幾公斤，一根雪茄也有半磅。此外，如果在太陽的地上摔一跤，你的重量會是……2500公斤左右，想站也站不起來！」

「老天！」米歇爾說：「那不是還得帶個小型的手提起重機！即然如此，朋友們，目前只要能參觀月亮就好了。至少我們在這兒還挺有看頭的！以後我們再來考慮是不是要上太陽，在那兒，沒有絞盤把杯子舉到嘴邊，還喝不到水呢！」

《環繞月球》
1869年

馬蒂亞斯・桑道夫

1884年，凡爾納搭乘「聖米歇爾三號」在馬爾他外海遭遇了猛烈暴風雨。他在《桑道夫伯爵》中安排暴風中的英勇事蹟，製造了巧遇的機會。化名爲安泰基特醫生的桑道夫和呂吉・費哈托碰面了，呂吉的父親在20年前救過桑道夫。

[…]「把船頭的三角帆升起來！……升大三角帆！……升後桅帆！」

科斯提克船長一連下了好幾道命令，爲了衝出去，他只能利用船帆了。船員們聽到命令，立刻齊心協力地操作起來。

要不是伯斯卡德手腳俐落，加上同伴的神力相助，一切都免談，吊繩一定會斷掉，而不是被馬提夫水手長拉起來。

然而「費哈托號」的狀況還不是很穩定。這樣一艘吃水淺的狹長蒸汽船，風帆的配置通常不足，不適合逆風航行或側風航行。如果一定得冒險的話，只要浪稍微大些，它就可能無法轉彎，直直的衝上去。

這就是「費哈托號」目前遭遇的威脅。除了風帆操作起來很困難以外，也無法掉轉船頭向西逆風行駛。

眼看這船逐漸被推向峭壁，似乎只能選個傷害最小的地方擱淺。不幸的是，在這漆黑的夜裡，科斯提克船長完全無法辨認海岸的位置。他很清楚，果佐島和馬爾他島被兩道海峽分開，一條叫北科米諾，一條叫南科米諾，中間還有個中心島。

然而在這樣的黑夜裡，能找到海口嗎？有辦法通過狂濤巨浪，到達島的東岸，找個避風處，甚至抵達拉瓦萊塔港嗎？唯有經驗豐富的引水員才有辦法面對這麼棘手的狀況。可是在這樣雨霧朦朧的幽暗黑夜裡，有哪個漁夫敢冒這種危險，靠近這艘遇難的船隻呢？

此時，汽艇的警笛在呼嘯的狂風中響起震耳欲聾的警報，並且鳴砲三次。

忽然，薄霧籠罩的岸邊出現一個小黑點，是艘收了帆的小船，朝「費哈托號」駛來。這漁夫一定是被暴風雨逼進了梅利耶這個小海灣，把小船停靠在那些大岩石後面，人則躲進奇特的卡立普索山洞；它與赫布里底群島的芬加爾山洞不相上下。

這會兒，他聽見了求救的汽笛和砲聲。

那人毫不猶豫，立刻冒著生命危險，前來幫助這艘航行困難的汽艇。「費哈托號」要想得救，也只能靠他了。

小船逐漸駛近。汽艇上已經把纜繩準備好了，只等小船一靠近，就投給那位前來相救的人。

等待的那幾分鐘，感覺像是永遠不會停止。汽艇離礁石只剩半節錨鏈的距離了。

就在這時，纜繩扔下去了；但一個巨浪打來，托起了小船，將它拋向「費哈托號」的側邊。小船被撞得四分五裂。

船上的漁夫呢，要不是馬提夫及時伸手一把抓住他、舉起來放在甲板上，他肯定沒命了。多虧馬提夫以前在街頭賣藝時舉小孩舉慣了。

漁夫一句話也沒說——哪有時間說——立刻衝到駕駛臺，抓住舵輪。眼看船頭朝向礁岩就要撞個粉碎，突然，轉了個彎，駛進狹窄的北科米諾海峽。

接下來乘著順風，不到20分鐘，就到了馬爾他島東岸比較平靜的海面；船上的每一條下後角索都拉得很緊，航行在離岸邊不到半海浬的地方。

然後，到了凌晨四點左右，第一道曙光開始照亮寬闊的水平線，這時，船已經行駛在拉瓦萊塔港的航道上，不一會，就在軍港入口處的桑格利碼頭下了錨。

安泰基特醫生登上駕駛臺，對年輕的水手說：

「朋友，您救了我們。」

「我只是做我該做的罷了。」

「您是引水員嗎？」

「不，我只是個漁夫。」

「請問尊姓大名？……」

「呂吉・費哈托！」

《桑道夫伯爵》
1885年

《海底兩萬里》

1961年，美國著名科幻小說家布萊伯利(Ray Bradbury)發表一篇文章，將凡爾納《海底兩萬里》的尼莫船長與梅爾維爾(Herman Melville)《白鯨記》的亞哈船長做了一番比較。布萊伯利揭示了尼莫與其「鸚鵡螺號」如何在亞哈和莫比敵結束冒險的地方，開始了另一段冒險。英文小說《大白鯨莫比敵》出版於1851年。

[…]亞哈船長，一個瘋子。

尼莫船長，另一個瘋子。

莫比敵，大白鯨。

請看這兩位「惡魔般」的男人如何「咒罵」。

「叫我以實瑪利。」

就這樣，梅爾維爾投入了他對莫比・狄克的搜尋。在第一章內，我們看到：

「爲什麼是你，當你第一次以乘客的身分航行，當有人來告訴你你和你的船現已置身大海中時，你是否感覺到一股神祕的激動？爲什麼古時候的波斯人認爲大海是神聖的？爲什麼古希臘人把朱庇特的親哥哥指派爲大海的專用天神？其中的道理眞是再清楚不過！而且最精采的就是美少年納西瑟斯的故事，他的絕望起因於泉水中那平靜無法捕捉的倒影，最後只能投身其中，一死百了。我們自己的自由倒映，則可以在所有河流與海洋中看見。那是生命中的飛翔魅影。這就是關鍵！」

爲什麼以實瑪利要出海？

「一開始，在這些游動物體中出現驚人景象，就是那龐大的鯨魚。這奇異又神祕的怪物激起了我無比的好奇心。牠驚人的身軀起伏在遠方洶湧的大海上，龐大的像座島，向來與無名的災難畫上等號。這是一個原因，再加上我所期待的、令人讚歎的風景，以及巴塔哥尼亞的風，都幫助我投身到這股想望中……因爲有了這些理由，尋找鯨魚之旅就成了好主意。

《海底兩萬里》的阿侯納斯教授：以凡爾納為原型所繪。

世界奇觀的閘門在我面前開啓，瘋狂的想像力使我沉溺於自己的願望，在那兒，一長列無止盡的鯨魚成雙成對地游進我靈魂的密室，其中就有那偌大的白色鬼魅，宛如空中的雪白丘陵。」

至於《海底兩萬里》，莒勒．凡爾納是這樣開始的：

「1866年發生了一樁離奇怪事，沒有解釋也無從解釋的現象，以致人人都忘不了……是這樣的，有一陣子，有好幾艘船都在海上碰見『一個龐然大物』，那物體很長，像個梭子，有時發出磷光，比鯨魚要大得多、也快得多。」

凡爾納繼續寫道：

「許多航海日誌裡都可找到這項紀錄，關於這物體或生物的結構描述幾乎一致：行進速度出奇地快，移動爆發力驚人，像是與生俱來的特殊本領。如果牠是鯨類動物，那牠的體積遠超過至今科學已分類出的所有鯨魚……然而，牠的確存在，這已無庸置疑，甚至還具有促進人類智力發展盡善盡美的習性，於是我們不難理解這個超自然現象何以在全世界引起如此大的騷動。」

這兩本書就是這樣開始的。兩者都發生在同一區域，敘事節奏相當，引起的回響重新出現在接下來的故事結構裡。然而，我們還是在剎那間看出相異處。我們不久就會知道，如果凡爾納叔叔患的是輕微的瘋狂，那麼梅爾維爾表哥，簡直就是無可救藥。

我們跟著以實瑪利起了錨，當時他還不知道自己已被亞哈的魔掌束縛，前往尋找某個普遍的眞相，不久眞相就化身成叫莫比敵這駭人的雪白怪物。

幾乎在同時，我們跟著阿侯納斯教授、尼德蘭和康塞爾，一起搭乘「林肯號」出海了，探尋另一個祕密，它「遍布在各大城市裡，……無人不知。人們在咖啡館裡唱它，在報刊上笑它，在劇場裡演它。鴨子(canard；譯註：亦作謠言)正好得了機會，可生下五顏六色的蛋。在報紙上可以看見──但我沒有抄下來──各種想像出來的龐然大物，從極北地區那可怕的大白鯨『莫比敵』，直到北海大妖怪『克拉肯』……」。

我們不禁懷疑，凡爾納叔叔的思想有一天會和梅爾維爾表哥的碰頭。

但他們瘋狂的想法，既沒有眞正的交流，也沒有全面的交融。

凡爾納先生繼續用他自己的方法進行「文明的」復仇，把莎士比亞式的恐怖與牢騷留給了梅爾維爾。

我們並未親眼見過莫比敵，只有後來透過梅爾維爾的回溯倒敘，才知道亞哈被牠咬掉一條腿。

可是凡爾納在《海底兩萬里》第六章讓他的「怪物」出現在我們眼

前，牠可連人帶物一口吞下我們的約拿(Jonas；譯註：《聖經》裡的奇蹟)。

他會像梅爾維爾可能採取的做法來完成這個故事嗎？

不會的。這種進行方式是要展現不同的毀滅，以和具有美國精神的怪異法國作家區別，也有別於被新英格蘭風糾纏的水手作家——注定要變成絕望的海關人員。[…]

布萊伯利(譯註：著有《華氏451度》)

《海底兩萬里》第18章，尼莫對上了海底怪物：大烏賊。

[…]「鸚鵡螺號」突然停下來，撞擊使得整個船身震動不已。

「我們撞上了什麼嗎？」我問。

「總之，」加拿大人回答：「應該是已經脫身了，因為我們浮起來了。」

「鸚鵡螺號」是浮起來了，卻動也不動。螺旋槳的輪葉沒有攪動海水。過了一分鐘，尼莫船長走進客廳，後面跟著副手。

剛才都沒有看見他。他的神情頗凝重，沒有跟我們說話，也許是沒有看到我們。他走近艙窗，看著那些烏賊，對副手說了幾句話。

副手走出去。沒多久窗板就關了起來，天花板也亮了。

我走向船長。

「眞是奇特的烏賊品種。」我語調輕鬆，就像個水族缸前的魚類愛好者。

「沒錯，博物學家，」他回答我：「我們要跟牠們來場肉搏戰。」

我看著船長，以為自己沒聽清楚。

「肉搏戰？」我重複了一遍。

「是的。螺旋槳停住了，我想是烏賊的觸手纏到輪葉裡，所以我們才動彈不得。」

「您打算怎麼做呢？」

「浮出水面，宰了這條害蟲。」

「這可不容易啊。」

「沒錯。電子彈對這些軟趴趴的肉起不了作用，沒有足夠阻力，就炸不開來。不過我們可以用斧頭砍。」

「也可用魚叉，」加拿大人說：「如果您不介意的話，我願意幫忙。」

「樂意之至，尼德蘭師傅。」

「我們跟您一起去。」我說。大夥跟著尼莫船長向中央樓梯走過去。

已經有十幾個人拿著作戰的斧頭等在那兒，準備出擊。康塞爾和我一人拿著一把斧頭，尼德蘭抓著魚叉。

「鸚鵡螺號」已經完全浮上水面。站在最高一級階梯上的水手把艙門上的螺栓鬆開來。可是螺帽才剛解開，艙門就猛烈地掀了開來，顯然是被烏賊觸手上的吸盤拉開的。

只見一隻長長的觸手像蛇一樣，立刻從開口鑽了進來，另有20幾隻觸手在上面搖動。尼莫船長一斧頭下去，砍斷了這條巨大觸手，它扭曲著從樓梯上溜下去。

正當我們簇擁著擠上平臺，另外兩隻觸手劃過空中，猛然撲向尼莫船長身前的水手，以無法抗拒的力道把他一捲而去。

尼莫船長大吼一聲，跳出船艙，我們也火速跟了出去。

眼前的景象眞是駭人！那可憐的傢伙被觸手抓住，黏在吸盤上，任由粗壯的管子捲在空中，甩來甩去。他咒罵連連，喘不過氣來，繼而叫喊：「救我！快救我！」是用法文說的！我驚愕萬分！竟然有同胞在船上，也許還有好幾個！這輩子，我永遠不會忘記他淒厲的呼救聲！

這不幸的人是完了，誰能把他從那強有力的束縛中拉出來呢？尼莫船長迅速衝向烏賊，大揮斧頭，又砍下一隻觸手。他的副手憤怒地跟其他攀爬在「鸚鵡螺號」船身的怪物搏鬥，船員們全都揮起斧頭猛砍。

加拿大人、康塞爾和我也拿著手上的武器奮力砍向那些肉肉的身軀。空氣中瀰漫著強烈的麝香味。恐怖極了。

有那麼一瞬間，我以爲被烏賊纏住的可憐人可以逃離那些強大的吸盤；八隻觸手有七隻都被砍掉了，剩下的那隻抓著受害人，像揮舞一支筆般在空中扭動。然而，當尼莫船長和副手撲上去時，牠噴出一道黑色液體──從牠的腹囊裡分泌出來的。我們什麼都看不見。等到黑氣散開以後，烏賊不見了，把那不幸的同胞也帶走了！

一股暴怒衝上腦門！我們發瘋似的死命砍殺這些怪物。有十來條烏賊霸占住「鸚鵡螺號」的平臺和兩側。我們身陷在一段段混亂的蛇身裡，牠們在染滿鮮血和墨汁的平臺上舞動著。這些黏黏的觸手就像九頭蛇海德拉的頭一樣，砍了又生出來。尼德蘭的魚叉每一下都刺入烏賊的青綠色眼睛，把它戳裂了。但是我那勇敢的同伴走避不及，被怪物的觸手猛然翻倒在地。

啊！激動與恐懼幾乎要漲破了我

的心！烏賊向尼德蘭張開牠可怕的嘴，這不幸的人就要被咬成兩半了。我衝上前要救他，但尼莫船長比我還快，他的斧頭消失在那兩個巨大的上下顎之間。加拿大人奇蹟似地得救了，站起身來，把整枝魚叉刺進烏賊的三個心臟。

「這是我報答的機會！」尼莫船長對加拿大人說。

尼德蘭點點頭，沒有回話。

這場搏鬥持續了一刻鐘。被我們打敗的怪物肢體殘缺，半死不活，終於伏首稱臣，消失在海浪中。

尼莫船長全身給鮮血染得通紅，一動也不動地站在探照燈旁，注視著那吞噬了他一個同伴的大海，淚流不止。

《海底兩萬里》
第18章

《環遊世界八十天》

1936年，作家考克多(Jean Cocteau)和祕書齊爾(Marcel Khill)化身成弗格與萬事通，依照小說的路線來趟「環遊世界80天」，腦袋裡卻裝著夏特雷劇院的精彩表演。

[…]我大病初癒。齊爾和我繼續規畫我們小成本的報導實驗作：先搭上地中海的漁船，然後出海，不管去哪。

是齊爾先有環遊世界的主意，後來我都叫他萬事通。爲了慶祝凡爾納的百年誕辰，我們決定依照他筆下的主角走過的路線上路，順便鬼混80天。

80天！我們一直以爲1876年那趟折騰人的行程，到了1936年會成爲悠緩的蹓躂，懶散地掛在每個港口。

《巴黎晚報》的負責人普弗斯特(Jean Prouvost)接受了我們的提議。晚報研究這項計畫，發現眾人皆知的80天行程在成爲文學作品之前，已是可行的事實，是凡爾納的一個夢，一如他那些留聲機、飛行器、潛水艇、潛水夫。大家以前是因爲這些傑作的說服力而相信這趟行程。到了1936年，如果依然堅持把行程排得很緊，禁止搭飛機，還得效法弗格的堅持，確實執行理想的路徑，那麼80天算來不多也不少。

考克多
《環遊世界80天》的前言

考克多從孟買搭火車去加爾各答，他在這段遊記描摩一個與他緊緊相繫的國度。

一點的火車。以前我念亨弗維(Kim Humphreville)的文章時，以爲阿卡松(Arcachon)盆地已經夠熱了！從火車這裡可以看見碼頭上我們搭來的船，它的船艙、舷梯，和夏特雷劇院見到的一樣，讓我對這趟旅行產生非常貼切的概念。

煩人的搬運工要求額外的小費。萬事通一兇，他們趕緊跑走，然後又回來把臉貼在餐車的玻璃窗上。我們只能在桌子的兩邊昏倒——說得一點也不誇張。

我不知道天氣可以這麼熱，有人

可以住在這種可怕的地區。火車開動了。一路上看見不少古砲，是亨弗維的故事一開始時跨坐過的那些。

印度大陸的炙熱烈焰，把鐵皮、車窗、木板都烤成白色，我們汗如雨下，全身黏答答的。氣溫高得令人不耐作嘔，風扇呼呼吹著黏糊糊的身體。

我們事先並不知道這裡會熱得像在受火刑，只好讓窗子一直開著。一陣昏睡後醒來，身上覆蓋上一層灰粒，嘴巴、耳朵、肺、頭髮，全是煤灰，把這段行程都包覆起來。只有站在冷水變成滾水的淋浴中，以及冰淇淋融成熱湯的片刻，才勉強中斷了幾次地獄試煉；完全是弗格先生與萬事通有權認識的印度大陸。他們可以搭乘這種跳過障礙物的機器，穿越此地——原本因應不可預測的熱浪而得時時調整的軌距間隔，這會兒有點過寬。

一公釐也動不了。麥子、稻米、水田、滿地泥濘的村莊、苦命人在地獄裡耕作。青綠帶黑的松鴉，時而看見幾棵椰子樹，間或夾雜其他樹木，樹底下帶著田園牧歌般的美好濃蔭。有幾次，一片荒蕪中只見一棵雪松在接受審判。

火車站。下襬拉出來的襯衫。雨傘。工人洗澡時用拳頭搓揉身體，然後用腳踩踏衣物、擰乾。女人仍然是牲口，盲目地由孩子領著走。熱氣沒那麼張狂了。夜晚涼快些。然而到了隔天，又是雙倍的煉獄。

考克多

《環遊世界80天》

凡爾納眼中的相同行程。

火車按規定的時間啓程了。旅客還眞不少，有幾名軍官和文官，還有賣鴉片和靛藍染料的商人，他們要前往半島的東方做買賣。

萬事通和主人坐在同一間車廂，另一位旅客則坐在對面的角落。

他是陸軍旅長法蘭西斯·柯羅馬蒂先生，是弗格先生從蘇伊士到孟買途中的牌搭子，正要返回駐紮在貝那拉斯附近的部隊。

身材高大、一頭金髮的柯羅馬蒂先生，年約五十出頭，在上回印度士兵叛變中立下汗馬功勞，的確稱得上是個「印度通」。他很年輕的時候就來到印度了，此後就很少再回去故鄉。他學識淵博，只要弗格先生願意請教，他會樂於傳授各種關於印度的習俗、歷史和社會體系的知識。

不過咱們這位紳士什麼也不問。他不是來旅行的，他只是要在地球上兜個圈兒。這個嚴肅的人要依循理性機制的定律，繞行地球的軌道。眼前他又在心裡重新計算從倫敦出發後花掉的時間。如果他習慣做些沒意義的動作，此時早已搓起雙手來表示滿意了。

雖然柯羅馬蒂只有在手上拿牌或在兩盤牌局之間，研究一下面前這位仁兄，但他不是沒有看出這位同伴的古怪。他不禁忖度，在這冷漠的外表下，是否也有人類的心在跳動；斐利亞·弗格的靈魂是否會爲大自然的美所感動，會對道德產生憧憬。對他來說，這些都是問題。旅長一生碰過的怪人當中，沒有一個能和眼前這位博學多聞的人相比。

斐利亞·弗格沒有對柯羅馬蒂先生隱瞞任何有關他環遊世界的計畫，或是執行計畫的條件。旅長從他的打賭中只看出毫無實用目的的怪誕，其中必定沒有「一路行善」這種所有理性人士必須遵循的原則。這樣下去，古怪的紳士必定「一事無成」，不論對他自己還是對別人。[…]

萬事通醒來，睜眼看看四周，無法相信自己正搭乘「大印度半島鐵路公司」的火車穿越印度人的國家。他覺得這一切太不眞實了，但又半點不假！有個英國駕駛正用手臂引導著火車頭，燒的是英國煤，噴出來的煙盤旋在棉花田、咖啡田、豆蔻田、丁香田和紅胡椒田上。

蒸汽繚繞在棕櫚樹的四周。樹叢間點綴著些雅緻的小木屋、幾棟修道院的廢墟、幾座令人讚歎的廟宇，印度建築的繁複裝飾爲它們增添光采。接下來是一望無際的大地，還有熱帶叢林，裡面住有蛇和老虎，常常被火車的汽笛聲嚇到。最後是一片森林，鐵路從中穿過，時有大象出沒，這會兒正若有所思地注視著這奇怪的列車經過。

凡爾納

《環遊世界八十天》

考克多以記者的身分旅行，凡爾納是描寫歷險的小説家。以下是考克多的結論：

這趟旅行不是獻給背景的轉換，而是獻給時間。獻給從事抽象事業的英雄，他們致力於時間、距離、經度、緯度、地理、幾何，等等。

莒勒·凡爾納從來不提高溫和暈船。他非凡的創舉是寫出了費克斯偵探。沒錯，一旦我們置身於某個機制、而它又和常見的機制不同時，總會啓人疑竇，看起來就是很可笑。

考克多

《環遊世界80天》

死亡之旅

1884年12月，凡爾納在《費加洛畫報》發表短篇小說《風吹雨打》(*Frritt-Flacc*)，仿效愛倫坡的手法，以死亡為題材。那時，他還創作了《桑道夫伯爵》，構思《喀爾巴阡古堡》，不久即邁入人生最黑暗的時期。

I

(譯註：短篇中的專有名詞均屬虛構)

呼……！颳起風來了。

嘩……！大雨滂沱。

狂風呼嘯，吹彎了弗吉海岸的樹木，直撲向柯利馬的山坡，撞碎在山坡上。濱海地帶，高聳的岩石不停遭受大克利海浪的啃噬。

呼！……嘩！……

多福這座小城就隱身在港灣深處。幾百棟房子座落於此，靠著綠意盎然的頂樓，勉強抵擋從四面八方襲來的風。四、五條上坡路——比較像山溝，不像道路——鋪著卵石，被背後那些圓錐體所噴發出來的火山灰所玷污；不遠處，就是凡格洛火山。白天，從火山內部噴發出含硫氣體，到了晚上，一刻不停地吐出雄雄火焰；像座燈塔，範圍可達150克茲。沿海的船隻有帆船、漁船、維力船及巴朗舟，大小船頭在大克利海上劃出許多水紋，凡格洛山則爲它們標示出多福港。

小城的另一邊，聚積著「罪惡」時期的廢墟。再遠一點的郊區帶有阿拉伯風味，矗立著北非常見的城堡：白牆、圓頂、向陽的露臺。用立方石塊胡亂堆疊起來，根本就是骰子堆，面上的點數則教光陰給抹去了。

接下來看到六-四式的房子，名字來自它古怪的構造，正方形屋頂，這一面有六個窗洞，另一面則有四個。

城裡有座鐘樓——正方形的聖女

菲菲樓——睥睨整個小城，裡頭的鐘都掛在牆上的壁洞裡，偶爾隨狂風搖響。壞兆頭，誰聽了都怕。

這就是多福。此外，茅草搭蓋的貧民窟散布在鄉野間，四周混雜著金雀花與石南，彷彿在布列塔尼。但這裡並不是布列塔尼。這是法國嗎？我不知道。還是歐洲？我也不清楚。

總之，不必在地圖上尋找多福——即使在史提勒出版的地圖集上也找不到。

II

叩！……一聲悶響敲在六-四屋的窄門上，這屋蓋在信使街的左邊拐角，算是最舒適的一戶人家；是的，別懷疑，這在多福已算頂舒適的住宅了，而且，也堪稱多福最富有的一家，如果景氣好壞都能賺上幾千弗瑞澤當財富的話。

回應叩門的是一陣狂野的吠叫，間或夾雜幾聲嗥叫——可能是狼嗥。接著，六-四屋門上的窗子往上推開了。

「眞是討厭，煩死人了！」應門的人口氣很差又兇惡。

敲門的是位少女，在雨中打著哆嗦，一身破爛斗篷，詢問崔福賈大夫是否在家。

「在不在家，得看情形！」

「我爸爸，他快不行了！」

「他在哪兒快不行了？」

「卡牛谷那邊，離這兒有四克茲遠。」

「他叫什麼名字？」

「沃卡提。」

III

崔福賈大夫為人冷酷強硬，沒什麼同情心，只幫付得起醫藥費的人看病，而且得先付錢。他豢養的那隻老狗嗥仔，是老虎狗和獵狗的混種，可能還比他來得有良心。這幢六-四屋很不歡迎窮人，只接待富人。各項看病費用都已定好，傷寒收多少，充血收多少，心包炎又收多少，還有其他十幾種醫生所創造出來的病各收多少。重病的沃卡提不過是個窮漢，家境貧困，崔福賈大夫何苦費事，尤其是這樣的夜晚！

「光是要我起床，」他邊嘟噥邊躺回床上:「就得付個10弗瑞澤！」。

20分鐘剛過，鐵錘就敲在六-四屋的門上。

大夫一邊發牢騷一邊下床，傾身到窗外。

「是誰？」他吼道。

「我是沃卡提的妻子。」

「重病的沃卡提？」

「對,您要是不來看看,他會死的!」

「那，您就變成寡婦吧！」

「我這兒有20弗瑞澤……」

「20弗瑞澤就要我去卡牛谷？離這兒有4克茲遠呢！」

「請您行行好！」

「去你的！」

窗戶關上了。20弗瑞澤！好大的數目啊！也不想想，我可是得冒著傷風和全身酸痛的危險，況且明天還有人在基特諾等著我吶，富有的愛金哥患了痛風，去替他看看，削他個50弗瑞澤！

懷著美好的願景，崔福賈大夫睡得比之前還要香。

IV

呼！……嗶！……叩！……叩！……叩！……

這一次，三聲鐵錘連著敲，力道也更堅定。進入夢鄉的大夫再度被驚醒，可以想見他的心情有多糟！窗戶一開，狂風像機關槍的子彈掃進來。

「請來看看那重病的人吧……」

「又是那討厭鬼！」

「我是他母親！」

「叫他媽、他老婆、他女兒，跟他一起死吧！」

「他突然發作了！……」

「叫他自求多福吧！」

「我們要來了一些錢，」老婆婆繼續說：「我們把房子賣給信使街上做卡蒙(camondeur；譯註：作者編造的，疑與排泄物有關)的布吉，這是頭款。如果您不來的話，我孫女就沒了爸爸，我媳婦沒了丈夫，我呢，就沒了兒子！……」

老婦的聲音聽起來眞是可憐又可怕，還有那寒風凍結了她全身血液，那大雨濕透了她骨瘦如柴的身軀。

「治急症要200弗瑞澤！」沒良心的崔福賈開口。

「可是我們只有120！」

「晚安！」

窗戶又關上了。

仔細盤算一下，跑一趟要一個半小時，看病得花半小時，收他120弗瑞澤，一小時可賺60弗瑞澤，等於一分鐘賺一個大郎。雖是蠅頭小利，但還不至於沒賺頭。

大夫這回沒有躺回床上，悄悄穿上「通路」服，套上專跑沼澤的厚靴子，拿起鹿皮長外套把自己包起來，戴上雨帽和手套，讓藥典旁的燈點著——上回翻到197頁。接著推開六-四屋的門，停在門檻前。

老婦人拄著手杖站在那兒，一身瘦骨嶙峋，苦命地活到80開外的年歲。

「120弗瑞澤呢？」

「在這兒，願上帝還你百倍的錢！」

「上帝！上帝的錢！有人看過那是什麼顏色嗎？」

大夫吹口哨叫來嗥仔，把個小燈籠交在牠嘴裡，踏上往海邊去的路。

老婆婆尾隨在後。

V

這是什麼風吹雨打的鬼天氣！聖女菲菲樓的鐘在狂風橫掃下全都噹噹作響起來。壞兆頭。去！崔福賈大夫不迷信。他什麼也不信，連他自己的醫術也不信——只信這門技術帶給他的東西。

什麼鬼天氣，什麼爛路嘛！又是卵石、又是火山灰的；卵石上有滑溜溜的海藻，火山灰像煤渣似的劈啪作響。一點亮光也沒有，只有嗥仔叼的燈籠光，模模糊糊，搖搖晃晃。凡格洛山噴出的火焰中，有時還會出現巨大的怪影子跑來跑去。實在沒人知道在那些不可思議的火山深處有些什麼東西。也許是地底世界的靈魂，一冒出來就飄得無影無蹤。

大夫和老婦沿著海灣的邊緣走

著。大海呈現出無血色的蒼白，宛如白色喪服。陣陣浪頭拍打海岸，散發出閃亮的粼粼波光，像是傾倒出許多螢火蟲。

兩個人就這樣爬啊爬，直走到大拐彎那個地方，四周是起伏的小山丘，地上的金雀花和燈芯草擦來摩去，發出如刺刀相抵的清脆聲響。

老狗緊挨著主人，像是對他說：「嗯！保險箱裡多了120弗瑞澤！這才是生財之道！葡萄園的牆往外推一寸，晚餐就多一道菜，忠心的嗥仔也多一頓飯！就是要照顧有錢的病人，讓他們的荷包失血！」

走到一個地方，老婦停了下來，用發抖的手指著黑夜中一點紅光。那是重患沃卡提的家。

「就在那兒？」大夫問道。

「對。」老婦回答。

「嚎嗚！……」嗥仔也叫。

突然，凡格洛火山走了調，往下直搖到山腳。一束冒煙的火焰竄上天際，穿破了雲層。崔福賈大夫摔了個四腳朝天。

他像個基督徒般不停呼喚上帝的名諱，站起身，瞪著眼。

老婦人已經不在他身後。難道是消失在哪個裂開的地洞裡？還是飛進了擦身而過的雲霧中？

老狗倒還在，踮起兩隻後腳，張著嘴，燈籠滅了。

「不管，還是走吧！」崔福賈大夫喃喃自語。

老實人既已收下120弗瑞澤，賺了就得上工。

VI

牛克茲以外，光點看起來更大了些；那是垂死之人家裡點的燈——也許他已經死了。病入膏肓者的家快到了。老太婆用手指過的地方，不可能出錯。

狂風呼嘯，大雨滂沱，置身嘈雜的暴風雨中，崔福賈走得急促。

他越往前走，房子看得就越清楚，孤零零立在荊棘叢生的荒原中。

仔細瞧，覺得它和大夫在多福的那棟六-四屋出奇得像。正面的窗戶位置一樣，拱門也相同。

崔福賈在風勢稍歇時急急邁步。門半掩著，只消再往前推點就開了。他推門進屋，強風粗暴地把門關上。

老狗嗥仔在屋外時而吠叫，時而安靜，好像唱詩班成員參加連續三天的贖罪祈禱、在每段聖詩之間吟唱。

眞怪！崔福賈好像回到了自己的家，但他既沒有迷路，也沒有半路折返；的確是在卡牛谷，不是在多福啊。可是，怎麼搞的，都有一樣低矮的拱頂長廊，以及相同的木製迴旋梯，扶手很寬，被摸得有點磨損了。

他上了梯，來到二樓。站在門前，可以看見門下透出微光，跟六-四屋一樣。

是幻覺嗎？朦朧的光線中，他認出自己的房間，黃色的床在右邊，陳年梨木櫃在左邊，還有披著鎧甲的保險箱，是他打算存放120弗瑞澤的地方。這是他有扶手的皮沙發，那是他有螺旋腳的桌子。桌上有盞快熄滅的燈，燈旁則擺著他的藥典，翻到第

197頁。

「我到底怎麼啦？」他自言自語。

他怎麼了？他害怕起來。他的瞳孔放大，身體抽搐，縮成一團。皮膚上布滿冷汗，他感到一陣毛骨悚然。

動作快點啊！燈裡快沒油，燈快滅了——垂死的人也是！

「沒錯，床在那兒！」他的床有柱子，有罩頂，長寬相當，周圍罩下大幅簾幔。悲慘的重病傢伙是不是就躺在上面？

崔福賈伸出顫抖的手掀起床簾，拉開，往裡看。

垂死者的頭在被子外，一動也不動，似乎正嚥下最後一口氣。

大夫俯身靠近他……

啊！好一聲驚叫，屋外響起老狗恐怖的狂吠。

垂死的人竟然不是奄奄一息的沃卡提！……而是崔福賈！……是他急性充血，是他自己！是腦中風，腦腔內的漿液突然積在一起，與病變位置相反的那邊身體會麻痺！

沒錯！是他，那些人找上門來就是為了他，付了120弗瑞澤也為他！他呢，他卻心腸太硬，不願來治療這可憐的病患！他，就快死了！

崔福賈大夫像是瘋了。他覺得自己完了。身體每分鐘都有症狀出現。不僅喪失所有與外界聯繫的功能，連心臟的跳動與呼吸都要停止。可是他又沒有完全失去意識！

怎麼辦！用放血降低血量？再猶豫，崔福賈大夫就要死了……

不論以前還是現在，醫生曾用放血治療那些不該死於中風的人。

崔福賈大夫立刻抓起醫藥包，拿出刺血針，刺向這個分身手臂上的靜脈，但手臂卻流不出血。他用力按壓他的胸部，可這人的心跳卻停止。他再拿熱石頭溫他的腳，但這人的腳卻冷冰冰。

只見病人挺直身子，抽搐幾下，喘出最後嘶啞的一聲……

於是，儘管崔福賈大夫使出一身醫術，他還是死在自己手裡。

風依然颳著！……雨仍在下！

VII

到了早上，人們在六-四屋發現一具屍體，那是崔福賈大夫。不免俗的，他也被裝進棺材，莊嚴隆重地送進多福的墓園——繼許多被他送進去的人之後。

至於老狗嘷仔，據說從那天起，就在荒原上跑來跑去，叼著重新點亮的燈籠，狂吼狂吠不能自已。

我不知道這是否真發生在多福小城附近，因為在這個叫弗西尼的國家裡，有太多怪事了！

還有，我再說一次，不必在地圖上尋找這個地方。因為那些最頂尖的地理學家仍無法確定它的緯度位置——就連經度也搞不定。

~完~

《風吹雨打》
1884年

FRRITT-FLACC

PAR JULES VERNE

I

Frritt!... c'est le vent qui se déchaîne.

Flacc!... c'est la pluie qui tombe à torrents.

Cette rafale mugissante courbe les arbres de la côte volsinienne et va se briser contre le flanc des montagne de Crimma. Le long du littoral, de hautes roches sont rongées par les lames de cette vaste mer de la Mégalocride

Frritt!... Flacc!...

Au fond du port se cache la petite ville de Luktrop. Quelques centaines de maisons, avec mirador verdâtres, qui les défendent tant bien que mal contre les vents du large. Quatre ou cinq rues montantes, plu ravines que rues, pavées de galets, souillées de scories que projettent les cônes éruptifs de l'arrière-plan. L volcan n'est pas loin, — le Vanglor. Pendant le jour, la poussée intérieure s'épanche sous forme de vapeur sulfurées. Pendant la nuit, de minute en minute, gros vomissements de flammes. Comme un phare, d'une porté de cent cinquante kertses, le Vanglor signale le port de Luktrop aux caboteurs, felzanes, verliches ou balanzes don l'étrave scie les eaux de la Mégalocride.

De l'autre côté de la ville s'entassent quelques ruines de l'époque crimmérienne. Puis, un faubourg d'aspect arabe en casbah, à murs blancs, à toits ronds, à terrasses dévorées du soleil, — amoncellement de cubes de pierre, jetés a hasard. Vrai tas de dés à jouer, dont les points se seraient effacés sous la patine du temps.

Entre autres, on remarque le Six-Quatre, nom donné à une construction bizarre, ayant six ouverture sur une face, quatre sur l'autre.

Un clocher domine la ville, le clocher carré de Sainte-Philfilène, avec cloches suspendue dans l'entrefend des murs, et que l'ouragan met quelquefois en branle. Mauvais signe. Alor on a peur dans le pays.

Telle est Luktrop. Puis, des habitations éparses dans la campagne, a milieu des genêts et des bruyères, *passim*, comme en Bretagne. Mais on n'es pas en Bretagne.

Est-on en France? Je ne sais. E Europe? Je l'ignore.

En tout cas, ne cherchez pas Luktro sur la carte, — même dans l'atlas d Stieler.

II

Froc!... Un coup discret a été frappé à l'étroite porte du Six-Quatre, à l'angle gauche de la rue Messaglière. C'est une maison des plus confortables, si, toutefois, ce mot a cours à Luktrop, — une des plus riches, si de gagner bon an mal an quelques milliers de fretzers constitue la richesse.

Au froc a répondu un de ces aboiements sauvages, dans lesquels il y a du hurlement, — ce que serait l'aboiement d'un loup. Puis une fenêtre s'ouvre au-dessus de la porte du Six-Quatre. « A tous les diables, les importuns! » dit une voix de méchante humeur.

Une jeune fille grelottant sous la pluie, enveloppée d'une mauvaise cape, demande si le docteur Trifulgas est à la maison.

« Il y est ou n'y est pas, — c'est selon! — Je viens pour mon père qui se meurt? — Où se meurt-il? — Du côté du Val Karniou, à quatre kertses d'ici. — Et il se nomme?... — Vort Kartif. — Vort Kartif... le craquelinier? — Oui, et si le docteur Trifulgas... — Le docteur Trifulgas n'y est pas! »

Et la fenêtre se referma brutalement, pendant que les Frritts du vent et les Flaccs de la pluie se confondaient dans un assourdissant tapage.

III

Un homme dur, ce docteur Trifulgas. Peu compatissant, ne soignant que contre espèces versées d'avance. Son vieux Hurzof, — un métis de bouledogue et d'épagneul, — aurait eu plus de cœur que lui. La maison du Six-Quatre, inhospitalière aux pauvres gens, ne s'ouvrait que pour les riches. D'ailleurs, c'était tarifé : tant pour une fièvre typhoïde, tant pour une congestion, tant pour une péricardite et autres maladies que les médecins inventent par douzaines. Or le craquelinier Vort Kartif était un pauvre homme, d'une famille misérable. Pourquoi le docteur Trifulgas se serait-il dérangé, et par une nuit pareille?

« Rien que de m'avoir fait lever, murmura-t-il en se recouchant, ça valait déjà dix fretzers! »

Vingt minutes s'étaient à peine écoulées, que le marteau de fer frappait encore l'huis du Six-Quatre.

Tout maugréant, le docteur quitta son lit, et, penché hors de la fenêtre :

« Qui va là? cria-t-il. — Je suis la femme de Vort Kartif. — Le craquelinier du Val Karniou? — Oui, et si vous refusez de venir, il mourra! — Eh bien, vous serez veuve! — Voici vingt fretzers... — Vingt fretzers, pour aller au Val Karniou, à quatre kertses d'ici! — Par grâce! — Au diable! »

Et la fenêtre se referma. Vingt fretzers! la belle aubaine! Risquer un rhume ou une courbature pour vingt fretzers, surtout quand, le lendemain, on est attendu à Kiltreno, chez le riche Edzingov, le goutteux, dont on exploite la goutte à cinquante fretzers par visite!

Sur cette agréable perspective, le docteur Trifulgas se rendormit plus dur que devant.

IV

Frritt!... Flacc!... Et puis, froc!... froc!... froc!...

A la rafale se sont joints, cette fois, trois coups de marteau, frappés d'une main plus décidée. Le docteur dormait. Il se réveilla, mais de quelle humeur! La fenêtre ouverte, l'ouragan entra comme une boîte à mitraille.

Willette在《費加洛畫報》上為《風吹雨打》第一頁所做的插圖。

與凡爾納訪談

1893年，凡爾納65歲，
在亞眠接受美國記者薛羅
(Robert Sherard)的訪問。
這篇採訪發表於1894年的
《麥克盧爾雜誌》。
凡爾納不僅談到自己的回憶，
也娓娓道出身為作家的掛慮，
以及他的成功與遺憾。

Daniel Compère將這篇文章翻譯成法文，於1990年10月發表在《文學雜誌》(*Magazine littéraire*)。

關於工作的方式，凡爾納說：「我每天早上5點以前起床，冬天會晚一點。我5點就坐在書桌前，一直工作到11點。我寫得很慢很仔細，下筆後一改再改，直到每個句子完全符合我的要求爲止。我腦袋裡總醞釀了至少

十篇小說，每一篇的主題和情節都已經準備好了。所以，只要上帝同意延長我的生命，我應可順利寫完自己說過的80部小說。不過，定稿最花時間，沒有修到第七或第八次，我是不會滿意的。我一而再再而三的修改，等到定稿出來時，幾乎已看不出最初的構想。這在「收入」與時間上，都是很大的犧牲，但是我一直很注意作品的形式與風格，雖然從來沒有人在這方面正視我的努力。[…]

我相信家人看得出我對冒險和海水的感情，它們在數年後成爲我偏愛的寫作題材。我這一生一直保持著少年時期的寫作習慣，千眞萬確。我不認爲自己曾經馬馬虎虎做過哪件工作。

不，我不能說自己特別喜愛科學，事實上是從來也沒有；我從未研習過科學，也沒有從事這方面的探索，不過年輕的時候喜歡觀察機器的運作。

我父親在尙特奈鄉下有棟屋子，位於羅亞爾河口，附近有座國有的Indret工廠。

每次我去尙特奈，一定會到工廠看機器運轉，一站就是好幾個鐘頭，成了我畢生的興趣。直到現在，每當我注視運轉中的蒸汽機或漂亮火車頭時，宛如欣賞拉斐爾或柯列治的畫作，帶給我無窮的樂趣。我對工業的興趣一直是我個性中的特點，當然，就跟我對文學的愛好一樣，待會兒我會說到這個。

此外，工藝美術也帶給我許多快樂，還有我在博物館和畫廊得到的感受。沒錯，我說的是所有藝廊，不管它在歐洲的重要性如何。在Indret工廠看機器運轉、遊覽羅亞爾河，以及隨手寫詩，是我年少時期三個最主要的樂趣與活動。

[…]雖然我從未研習過科學，但是在閱讀的時候，我會記下書中許多事物，後來都帶給我很大幫助。我可以告訴你，我是個認眞的讀者，閱讀的時候筆不離手。我總是隨身攜帶筆記本，就跟狄更斯筆下的那個人物一樣，凡是引起我興趣的、可以運用在我的書裡，我都立刻把它記下來。

我再多讓你了解一下我是怎樣閱讀的：每天中午吃完飯後，我就來這裡(譯註：工業協會圖書館)繼續工作，我先閱讀15份不同報紙，從頭讀到尾，每次都從那15份讀起。而且我敢說，很少有東西能逃過我的雙眼。當我看到有趣的東西，就順手記下來。

接著，我開始讀雜誌，像《藍雜誌》(*La Revue bleue*)、《紅雜誌》(*La Revue rose*)、《兩個世界雜誌》(*La Revue des deux mondes*)、《宇宙》(*Cosmos*)，還有Tissandier的《大自然》(*La Nature*)、弗拉馬里翁的《天文學》。

我也會通篇讀完那些科學機構的公報，尤其是地理學會的報導，因為地理不僅是我的熱愛，也是我研究的主題。

我非常欽佩地理學家何克律(Elisée Reclus)，我有他全部的作品，也有阿拉戈的全集。我不光是讀，還一讀再讀，因為我是非常仔細的讀者，像《環遊世界》這個系列就描述一連串旅遊故事。

迄今，我已經蒐集了數千條關於各種主題的筆記。在我家裡，至少還有兩千條筆記可以用在作品中，但還沒派上用場。

有些筆記是在和別人談話之後記下來的。我喜歡聽人說話，只要他們談的是他們了解的主題。」

「在沒有接受任何科學訓練的情況下，你是怎麼完成這些作品的？」

「我很慶幸能在現今這個世界找到各種主題的字典。我只要在字典裡找到我需要的主題資料就夠了，就是這樣。當然，我在閱讀時已經記下大量資訊，而且就像我說過的，我的腦袋裡裝了一段段科學新知。

所以，當我有一天在巴黎的咖啡館，從《世紀報》(*Le Siècle*)上讀到有人可以在80天內環繞地球一周時，我就立刻想到可以藉由經線的區別，讓我的主角在旅行時賺到或賠上一天。

結局就這樣解決了。故事則是過了很久以後才寫好。我會把這些主意想上好幾年——甚至10年、15年，然後才把它們寫出來。

我的目標是描寫地球，但不只地球，也包括宇宙。有幾次，我的小說就把讀者帶離了地球。同時，我嘗試達到理想的風格。

有人說在冒險小說裡是不能有什麼風格的，但這不是眞的。雖然我承認，要用出色的文學風格寫出這樣的小說，確實比較難，尤其現在很流行研究人物性格。

但是我要告訴你(此時凡爾納輕輕聳了聳他寬闊的肩膀)，我對這些所謂的心理小說並不怎麼感興趣，因為我看不出小說與心理學有什麼關聯。

然而，都德和莫泊桑是例外。我非常崇拜莫泊桑，他是個天才，上天給了他什麼都能寫的才華，寫作對他是那麼自然又容易，就像蘋果樹會結蘋果那樣。

Jules Verne

凡爾納在亞眠家中的工作室。

不過，我最鍾愛的作家一直都是狄更斯。我認識的英文不超過100字，所以一定得讀譯本。但是我告訴您，先生(凡爾納把手放到桌上，似是要強調這件事)，我把狄更斯的所有作品至少都讀了十遍。我不能說我喜歡他超過莫泊桑，因爲這兩人是無從比較的。但我非常喜愛這個作家，從我下一本小說《小傢伙》可以得到證明，我藉此感激從他那兒得來的收穫。

我也一直是古柏的小說迷，他有15部作品在我看來是不朽的。」

接著，凡爾納經過一番長考後說道：「每次我抱怨大家不肯定我對法國文學的貢獻時，小仲馬就常安慰我：『你應該是英國或美國作家，那麼你的書翻譯成法文以後，你在法國就會大受歡迎，還會被同胞視爲偉大的小說大師。』但事實就是如此，法國文壇沒有我的位子。15年前，小仲馬向法蘭西學院推薦我的名字，當時有好幾個朋友都在裡面，例如劇作家拉比什(Eugène Marin Labiche)、桑多茲(Sandoz)等人，我看似有機會被選上，我的努力也將正式獲得肯定。結果卻從來沒有成功過。現在每當我收到美國的來信，看到上面註明『法蘭西學院的菖勒・凡爾納先生』，就只能無奈地笑笑。自從我的名字被提報上去的那天起，法蘭西學院舉行了不下42次選舉，也就是整個翻新了一次，但大家還是忽略我。

我人生最大的遺憾，就是沒有被視爲法國文學界的一員。」

這位長者低著頭說完這些話，熱情詼諧的語調中掠過一絲感傷。

「我的作品不被看成是法國文學。」他又再說一遍。

凡爾納的詩作藝術

1906年，凡爾納去世後不久，民俗學者暨《火的守護者》(*Gardien du feu*)作者勒巴(Anatole Le Braz，1859-1926)在《不列塔尼月刊》(*Revue de Bretagne*)發表文章，以綜合的觀點看待凡爾納的詩作，並將它與同時期的詩作做番比較。

[…]「在人類的思想史上，19世紀開創了非常多、非常豐富的道路，看來會成為『科學的世紀』。這股科學精神也進入文學領域。各個文學流派，從浪漫主義到寫實主義，再到自然主義，都在某種程度上追尋眞相、更多更明確的眞相，抑或最完整的眞相。當巴爾札克、福樓拜、左拉將生理學引進小說時，拉馬丁在《天使謫凡記》(*La Chute d'un ange*)中展現人生各個階段的人性，為人性刻畫出令人讚賞的光景；雨果的《世紀傳說》(*La Légende des siècles*)訴求注釋和題銘，研習斯堪地那維亞的神話，從法國、西班牙、義大利的八音節史詩獲得靈感；勒孔特·德李勒的《蠻族詩》(*Poèmes barbares*)和《古代詩》(*Poèmes antiques*)則專注於文明史，在一整面大理石上雕琢出優美形體。

噢！你可能要說，這些都是大名鼎鼎的人物和偉大作品！如果只提到他們，難保不會把凡爾納壓垮？目前不是要把他拿來做比較，而是要為他定位，先指出他是屬於哪個傳統。我認為這樣才能顯示他是如何以自己的方式來詮釋這個傳統，並從中擷取、創出了什麼全新的部分。至於他運用了哪個部分，您已經看出來了。

他大膽地向那些看起來最艱澀的『科學』進攻，我是指那些在本質上似乎最沒有辦法改換成任何形式的文學的學門，像地理學、海洋學、宇宙誌，等等。但他竟能從中創出異常豐富的神話，他只需為這些神話再添些藝術性，即可成為『至高無上的詩篇』。正如大家所言，他就這樣創造出全新的震盪，不然，至少揭示了全新的視野，爲文學開拓出前所未有的新疆土。他勇於發想、嘗試，甚且大致完成了這部『科學傳說』。

我是不是講了科學傳說？噢！我並不是沒有意識到，把這兩個詞結合在一起會製造出荒謬與矛盾。坦白說，還有什麼會比『傳說』更無法與『科學』相容呢！如果『傳說』是對眞相的抽象詮釋，還有什麼會比科學對傳說更有敵意呢！而且，如果『科學』的目的，只是爲了在人類精神的幼稚幻想中，爲事物建立理性的解釋。傳說奠基於對超自然的信仰，但科學在它的領域裡，不認識也不接受超自然。這些我都知道。只是別忘了，科學無論如何是最近的事，即使它在很短的時間內跨出巨人的步伐，都還只是「行程的起步」。它的背後有著長遠的過去，當時它手中的火炬只能投射出模糊搖晃的微光。尤其在它的前方還有無邊的未來，它只揭起了未來的一半面紗；當然，從隱約可見的部分，即已足夠做出許多豐富的承諾與預測。凡爾納的膽量與價值，就是在當今科學之前與之後的這片曙光微露的廣闊『處女地』上，進行了大規模的冒險。

那麼他帶回了什麼呢？

他帶回了『太空的詩篇』，以及面對無垠的悸動。別以爲我是爲了一己之需而誇大其辭。諸君可以將當今世界、凡爾納帶領我們進入的無邊際世界，以及一般小說描繪的世界，三者加以比較，評量一下它們有何不同。現代小說的氛圍屬於文藝沙龍和貴婦的小客廳，經常是私密的，是封閉的環境。凡爾納的小說則屬於『沒有束縛的空間』和『未開發的處女地』，是從未到過的境界。當我們閱讀他的作品時，能感覺到他發自肺腑、來自無垠處的宏大格局。我們被帶離了陷於地球泥淖中的小角落、日復一日的例行言談、幽閉在平庸地平線上的平庸歲月。按照字面的意義來說，我們成爲『世界的公民』，萬物的背景在前方展開。我們擁有整個地球、整個穹蒼。還有更好的呢：我們注意到宇宙太空。在凡爾納的作品中，一景一物都自成一個世界。《冰島漁夫》的作者羅蒂(Pierre Loti)偶爾也會使用類似的手法。這就營造出一股『壯麗的詩意』，這種詩不再只關於人類，而是『星際的』，或可容我這麼說——群星之間的。文學評論家布爾傑(Paul Bourget)不就認爲歷史學家赫南(Joseph Ernest Renan)有著宇宙的智慧？那好！凡爾納就擁有宇宙的想像力。這是稀有而美麗的。有人擁有這樣的天賦，達到這樣的程度，竟然還不算是第一流的作家。誰敢否認他是『詩人』，是出色的幻想家，是強大的創造者？……

就是『想像力』把具有科學精神的人、研究者，以及旨在歌頌其美妙的詩人融合在一起。觀察大自然，然後將感動表達出來，就是科學與詩篇同時扮演的角色。

勒巴

重新發現凡爾納

與凡爾納同時代的人
視他為少年文學作家。
一個世紀後，許多作家認同
他的文學地位與創作深度。
他們從他的作品
喚回對童年的快樂回憶，
深深引起他們的共鳴。

趁著凡爾納的作品即將推出口袋書，1966年的《藝術與娛樂》(*Arts et loisirs*)雜誌爲他製作了專輯。小說家克雷吉歐(J. M. G. Le Clézio)說凡爾納對兒童和作家的影響一樣重要。

克雷吉歐：現今兒童眼中的《伊里亞德》

凡爾納對你的童年影響很大嗎？

非常大。我想，談到童年，就不能不提到凡爾納。我小時候就讀過艾采出版的所有凡爾納的書，裡頭還附有許多精彩豐富的插圖。如今回想起來，對我而言最重要的，就是這套讀物是我與文學的最早接觸，而有人從現實中挑出這些人物加以描寫；這還可能是我和人的心理的最早接觸。它是介於佩羅(Charles Perrault)的童話與小說之間的作品。

我不知道凡爾納的作品算不算偉大，但是我很樂意將它對當今兒童的意義，比擬成《伊里亞德》與《奧德賽》在年輕希臘人心目中的地位。這些作品都有冒險活動，雖然不是那麼美妙神奇，但都呈現了各有優缺點的人物；這些人沒什麼特異之處，不過是到處旅行。

旅行這個主題特別讓你感興趣？

它肯定是最主要也最富意義的首要指標。旅行者，就是尋找那永遠找不著事物的人。對我來說，斐利亞．

弗格不是為了錢而出發旅行，他只是加入一場對自己不利的賭局。就這個意義來說，凡爾納的作品接近康拉德的創作。

同樣地，我小時候印象最深刻的，就是腦海中會具體浮現他作品中的某些場景，比方：有人拿著用炭火燒過的劍在米歇爾・斯特羅哥夫的眼前揮舞，意圖刺瞎他的眼睛，他淚流滿面，不希望失明；《征服者羅比爾》中有場決鬥，當壞人舉起劍正要向前刺時，一道閃電突然打在他的劍上。這一幕幕畫面在我心裡，就和古代神話及荷馬史詩中的景像一樣重要。而且，當我兒時讀這些作品，並不認為它們是那麼虛幻不實。我甚至覺得「鸚鵡螺號」非常逼真。

所以你對凡爾納作品比較有感覺的是影像部分，而不是科學。

他的小說是英雄故事遠勝於技術的冒險。最重要的是要有英雄人物。就這一點，我認為莎士比亞和凡爾納之間有些關聯。尼莫是個浪漫的角色，羅比爾則有點像希特勒，但前提是，凡爾納注重的是人性的東西，還有人的熱情。凡爾納也像巴爾札克，知道如何創造典型角色，例如好人和壞人，以及引人發噱的學者，他什麼都懂，就是不會過日子。況且，孩子對文筆不感興趣，他們只想找到一個可以發揮想像力的題材，所以吸引他們的，是凡爾納親身經歷過這些冒險、然後描寫出來的眞實筆觸。或許，與其眞正地親身體驗冒險，他這種方式反而還更好。如果他能恰如其分地為我們描寫出某些景致，如果曾經在當地旅行過的人也有同感，那是因為每個人是以自己的神話觀點以及別人賦予的神話觀點看待事物。

身為作家，你覺得自己從凡爾納的作品得到些什麼？

凡爾納的作品構成我人生的一部分。事實上，我想我身上所有凝聚發光的部分都得自於他。我對死亡的認知就來自於尼莫船長的版畫，他在潛水艇的窗前看著溺水者漂過。同時，我認為凡爾納的文風與想像力也非常重要。他的筆調充滿活力，能將影像連貫起來，從特殊的藝術表達方式中，可以看出他的性格。我記得小時候一眼就能認出什麼句子是他寫的。就是在那時，我開始對風格有了感覺。

我剛才說到冒險小說。不過有一點很重要，就是凡爾納的每部冒險故事其實都是一樣的。我小時候就懷疑這些冒險小說裡還有更重要的意涵，不僅僅是歷險記，而是一個又一個不停更新的神話，關於善惡交鋒、人類對抗無限。

凡爾納的作品有許多無限，如《海底兩萬里》的無垠海洋、《地心遊記》的無盡地球、《從地球到月球》的無邊天空，顯示出某種難以言詮的史詩意涵。

他還有一點令人印象深刻，那就

是幽默感。讓我感到有趣的是，像弗格這類的主角能夠擺脫困境，逃過末日的威脅，往往是藉助於荒謬的偶發事件，或者是根本就計算錯誤。這對以科學爲主題的小說家來說，手法頗尖銳諷刺。

「不過凡爾納的才華，在於描繪這個令人驚訝的世界之餘，還能化人性的悲劇爲象徵，讓兒童也能感受出來。如果現在重讀他的作品，我很有可能從他那兒找到描寫感情、暴風雨、火災的手法。況且，有哪個看過凡爾納作品的人，敢說自己在寫作時沒有受到他的影響？」

《藝術與娛樂》
1966年

小說家暨評論家葛哈克(Julien Gracq)在與本書作者德其斯(Jean-Paul Dekiss)的訪談中，提到凡爾納的懷舊主義與現代感。

葛哈克：凡爾納[…]多少反映出正在進行的一些改變。我認爲這很吸引人。大家都說他以非常開放的態度面對自己的時代，但他也有十分復古懷舊的一面[…]那與持續的現代思想幾乎是對立的。懷舊主義主要屬於社會層面，現代主義則是技術層面。

德其斯：您在《大道紀事》(*Carnets du grand chemin*)中，強調他的這種懷舊主義非常英式。[…]

葛哈克：我之所以對凡爾納的懷舊主義感興趣，是因爲他把完全象徵性的意象用於某種狀態的文明，我稱之爲維多利亞文明。他以自己的方式成爲其中非常典型的代表，一如狄更斯。我算是看到了那個世界的尾聲，因爲我有第一次大戰的回憶，那應該是上述文明的延伸。那是另外一個世界，因爲[…]我認爲爲數可觀的「超我」爲它劃出了標誌，您知道，人們服從的「超我」，例如祖國、故鄉[…]這許多價值觀後來都式微了，它們採用比現今來得嚴峻、等級劃分更爲清楚的方式塑造當時的社會。[…]

我現在來說你剛才問題中的第二部分。當凡爾納談到技術，[…]他非常清楚當時每分每秒所發生的事——當然那些技術現在看來也有點歷史，畢竟那個時代已經結束了。他歷經了三個技術階段，起初是蒸汽機，接下來是電力，最後是內燃機。他經常賦予電力十分重要的地位，但這項動能在當時並不特別受重視。例如電力會出現在《神祕島》，是藉由頗爲草率的方式所建立。[…]至於內燃機，他雖然知道，但不太會利用，因爲在他的生活中派不上用場。就像我說的，它不存在於作家的「時光牆垛」內。我認爲作家在某段時間裡，會與他的時代有直接的接觸；到了最後，他仍然能看得出發生了什麼，但已無法加以表達，他沒有充分掌握要點。凡爾納的內燃機就沒有那麼成功。

《茗勒・凡爾納月刊》第十期
亞眠，2000年12月
茗勒-凡爾納國際中心
亞眠市80000，查理-杜博街2號

歷史學家暨哲學家傅柯(Michel Foucault)在1966年*L'Arc*期刊介紹凡爾納的專輯中，除了敘事報導外，還分析凡爾納的故事結構，把學者與英雄兩種典型加以比較一番。

在所有故事體的作品中，必須區別出「傳說」與「杜撰的小說」。傳說，就是口耳相傳的東西。杜撰的小說，則是依循特定手法的敘事，或者應該說，故事「被敘述出來」是依據以下幾個不同方法：敘述者對待他所敘述事物的態度[這是根據敘述者是否親身參與故事，還是隔段距離旁觀故事的經過，抑或他完全置身事外，而是從外面意外撞見事情發生經過]，是否具有中立的觀點，對貫穿故事中的人事物也保有客觀的描述；通篇故事的起因，是出自某個角色的角度，還是前後數個角色，抑或沒有任何明顯的來源；對白是在每個事件發生之後重複出現，還是隨著情節的舖陳同時出現，等等。一連串事件依某種特定次序發生，即形成傳說。說話者與說出來的事物之間建立起某種關聯，再透過敘事本身所呈現出的脈絡，即爲杜撰的小說。杜撰小說是傳說的「態」。

當我們實際說話的時候，可以輕易說出「編造的」事件：主說者勾勒出的三角形、他的談話，與外在狀況限定的敘述內容；沒有杜撰的成分。一件作品即是類比式的敘述內容，這種關聯只能建立在行爲及話語的內部；敘述出來的事件應該獨立指出說話的主體、在多遠的距離、依據什麼觀點，以及使用哪一種談話模式。傳說包含的元素，與這些元素的安排，比較不能爲「作品」下定義；而杜撰小說中，即使陳述的內容和傳說相同，但經由內容間接指出來的模式，更能定義出什麼是「作品」。一個故事的傳說成分，安排在該文化種種可能的神話屬性內部；它的寫作安排在該語言的種種可能性內部；至於它的杜撰性質，則位於種種可能的話語及行爲內部。

任一時期的杜撰小說都不會同時使用可抽象定義出的所有形式；一旦認定了什麼是多餘的形式，我們就會將它們排除在外；相反的，其他某些形式則具有特權，被視爲標準。18世紀常見的手法是：作者的敘述中斷了他的故事，將目光自文本上移開，以召喚讀者爲所發生的事件擔任法官或證人的角色；到了19世紀幾已不復可見。相反的，出現還不到一個世紀的手法是：敘事與書寫行爲結合，與事件發生的過程處在同一時間，並且封閉在其中。也許這樣的結合帶來很大的束縛，它控訴天眞無知、刻意手法與粗糙的寫實主義，排除了一切在單一主題敘事、甚至在寫作行爲中無法立足的杜撰小說。

自從文學作品接受了新形式的杜撰小說之後[自動說出來、沒有立場的中立語調，不中斷的自言自語，自外圍侵入的陌生話語，形式不一的敘事交相出現]，依據這些形式各自的結構，閱讀這些充滿「多餘敘事」的文本，又成爲一件可能的事，但之前它們被排除在文學之外。

凡爾納的故事完美地充滿這些杜撰小說形式中的不連續性，建立在敘述者、敘事與傳說之間的關係，不停依照新的布局分開再結合。敘述者的文本時時被中斷，改變了特徵，調換了位置，拉開了距離，從其他地方而來，像來自另外一個聲音。說話者從我們不知道的地方突然出現、進入，讓之前發言的人閉嘴，在下一段時間發表自己的談話，然後又突然將發言權讓給另一個無名的面孔，交給另個模糊不清的身影。這是與《天方夜譚》截然不同的安排，每段故事即使有三分之一是被報導出來的，也是虛構地藉由經歷這故事的人說出來；每個傳說有自己的聲音，每個聲音又有一個新的傳說；整部「杜撰小說」由行動組成，藉此，某個角色脫離他所在的傳說，成爲下一個傳說的解說員。凡爾納的每部小說只有一個傳說，卻透過複雜隱晦的不同聲音說出來，彼此之間甚且還有爭議。

在傳說的各個角色背後──那些我們看得到的、有名字的、能對話的、有冒險經歷的角色──是影子戲團在支配一切，帶著它黑暗中的對手與戰鬥、它的辯論與勝利。這些沒有軀體的聲音搶著要講述傳說。

1) 每個主角身邊必定有個影子在說話，它貼近主角的內心世界、清楚他們的面貌、習慣、社會背景，以及他們的想法、個性中不爲人知的一面，聆聽他們的辯駁，但又像發自內心地體會他們的感情。影子與主角處在相同的困境，以便從主角的角度看事物，共同參與冒險，一起擔心即將發生的狀況。是影子將冒險轉換成故事。雖然這位解說員具有很大的本領，但還是有它的限制與約束；它和阿丹、巴比康、尼卻爾，鑽進了奔月的圓艇，但大砲俱樂部中的某些祕密場景，它則無緣參與。難道是同一位解說員在這裡那裡出現，不論是巴爾的摩、吉力馬札羅山，還是太空中的火箭、地球，甚或探測潛水艇？在通篇故事裡多出來的這個角色，始終漫步在陳述的模糊地帶，這個擁有分身術的中空剪影，必須接受它嗎？抑或假設在每個地方、每個人物群之中，都有心思細膩、獨特又多話的天才？總之，這些影子分身位於看不見的第一排；它們差一點就成了眞正的主角。

2) 在這些親密的「解說員」身後，還有一些較不引人注目、行事低調的人物，他們發表的談話關乎自身的行動，或指出其中的經過轉折。這些聲音說道：「今夜，在巴爾的摩，任何陌生人就算出高價，也別想進入俱樂部的大廳……」；然而那隱形的外人[第一級解說員]，還是可以穿過大門，「就像他也在場似的」，敘述拍賣的情況。還是同樣這些聲音，把發言權從這個解說員傳給另一個，好確保這場敘事接力賽可以持續下去。「就算可敬的梅斯頓先生(譯註：《從地球到月球》的角色)，聽不見向他致敬的歡呼聲」[大家正在巨大的砲彈中爲他喝采]，「至少他的耳朵要發癢了」[敘事的追隨者已來到巴爾的摩了]。

3) 在傳說的可見形式的較外圍，還有一個控制故事全局的敘事，將故事轉述成另一個敘述體系及客觀的編年紀事，總之，也就是讀者所處的時間。這個完全「在傳說外」的聲音，指出了歷史的標記[「南北戰爭期間，很有影響力的新俱樂部……」]；這聲音還能就類似的主題，提到凡爾納已經出版的其他作品[它已達到某種精確度；在《上下顛倒》的註解中，就提到實際完成的極地探險，與《冰原》(*Le Désert de glace*)中的遊歷]；它甚至能在通篇故事中喚起讀者的記憶[「我們還記得……」]。這聲音屬於純粹的解說員；作者的第一人稱[但已中立化]，他在故事的邊緣標出應該知道的事項，好輕鬆地加以運用。

4) 在他身後更遠的地方，不時會響起另一個聲音，對故事提出異議，指出其中的不眞實處，並揭示所有不可能的地方。可是這個聲音又會立即回覆自己所提出的質疑。他說，別以爲進行不可思議的冒險就得失去理智：「沒有人會感到意外：美國佬是全世界最早的技師……」被關在奔月火箭裡的人物感到異常不適；別驚訝：「過了12小時後，圓艇裡面盡是有毒氣體，是血液燃燒後的產物。」這個辯解的聲音格外謹愼，向自己提出應該解決的問題：「也許我們會很驚訝地看見巴比康和他的同伴們一點都不擔憂未來……」

5) 還有最後一個更外圍的敘事手法。這個聲音的語調完全平直，並非來自任何人，沒有支援，也沒有起源，來自無法定義的外界，藉著純粹闖入的行動，突然出現在文本裡。一大段無名氏的語句。自外移入的敘述。然而這個敘述始終是學術性的。當然，對話中可以找出不少長篇的科學論述、報告、信件或電報，來自不同的人物；但它們不具外在性，不會產生「自動訊息式」的片段，而這些片段不時會中斷故事進行，例如：全球各大城市相對應的時刻表；分成三欄的表格，標出月球上各高山的名字、地點和高度；用極其簡單的格式帶出地球的各種測量值：「我們可從以下數字看出」。它們來自無法斷定的說話人，這些知識的堆砌成爲故事的外在界限。

這些傳說背後的聲音，必須在他們的意圖與抗爭中加以研究，得出的結果足以描繪出杜撰小說的脈絡。且讓我們專注在最後一種上面。

在這些「科學小說」中，學術性的敘述像添加的語言從外而來，是件奇怪的事；怪在它像不具名的傳聞，自顧自地說了起來，怪在它以某種侵入性的獨立片段出現。然而在分析傳說時，也能看出同樣的安排，就好像它在角色的關係中製造複雜的敘事，描述那些想像出來的冒險經歷。

1) 在凡爾納的小說中，學者處於邊緣地帶。冒險並不是發生在他身上，至少他並不是主要英雄。學者展示知識，表現學問，陳述可能性與限制，觀察結果，冷靜地等著證明自己是對的，沒有用錯學問。梅斯頓執行了每個步驟，但前往月球的卻不是他；點燃吉力馬札羅山上那座大砲的也不是他。他就像自動汽缸記錄儀，展示出已經確立的學問，服從動力，祕密地自動啓用、運轉，以產生結果。學者沒有發現什麼，學問自動上身，說出通順又難懂的話；他的科學是在別處完成的。《太陽系歷險記》的學者不過像塊記事碑，名字就叫羅塞特(Palmyrin Rosette；編按：近似刻有埃及象形文字的羅塞塔石Rosetta Stone)。

2) 凡爾納筆下的學者純粹只是中間人，例如：運用加減乘除的算術家[像梅斯頓、羅塞特]；善於利用及建造的技師[如舒茲(譯註：《印度貴婦》的角色)、卡馬雷(譯註：《巴爾薩克考察隊》的人物)]。這些人類計算機的眼裡，只有精細的「πr2」。學者爲何心不在焉，不光是傳統慣於賦予他不在意的個性，還有更深層的理由：他用算術遁入世界與冒險活動裡；他編碼又解碼，以藏身具創造性的知識裡。這些就足以讓他不時分心，變成有點深沉又抽象難懂的人。

3) 學者總是帶有缺陷。最糟糕的，是他扮演壞人[《迎著三色旗》(*Face au drapeau*)]；或者他縱容罪惡，不想追究也不願了解[《巴爾薩克考察隊的驚險遭遇》(*L'étonnante aventure de la Mission Barsac*)]；要不就是流亡在外[羅伯]；或是溫和的怪人[大砲俱樂部的砲手]；或者他爲人和善，也近乎正面英雄，但就是他的演算出現污點[梅斯頓抄寫地球的測量值時出了錯]。反正學者就是少了點什麼[看看大砲俱樂部那位瘋瘋癲癲、裝隻假手的祕書]。這裡，就出現了一項通則：學問與缺陷相連結，以及比例上的定律：越是不會出錯的學者，爲人就越邪惡、荒唐或詭異[卡馬雷]；越是正派的學者越容易出錯[梅斯頓在故事裡造成一連串錯誤：當他在海底尋找漂流的火箭時，認錯了地標；計算地球重量時，又搞錯了數據]。科學不過是空話。

4) 面對學者時，即使主角也顯得無知。在某些狀況中[米歇爾・阿丹]，他運用足夠的學識進行冒險，但他經過演算、進入太空的場景，形同一場遊戲：只供觀賞。其他有些狀況，則是主角無意中掉進設好的陷阱。當然，他會隨著故事進展慢慢發現；但他的角色從來不必獲得某種學問，使自己成爲大師。或者他只是見證人，他的出現是要描述他所看見的；又或者他的作用是要將邪惡的學識完全消除[《巴爾薩克考察隊》中的巴克斯頓勛爵]。他就近觀察這兩種功能如何結合在一起；上述這兩種狀況，是要減少[虛構的]眞實，使它成爲故事中純粹[想像的]眞相。天眞的學者梅斯頓在無知的Evangelina Sorbitt幫助下，製造出「裂縫」，一方面使不可能的事業成爲可能，但又導致它的失敗，剔除了它的眞實性，使它回到杜撰的故事中。

必須注意的是，通常凡爾納筆下偉大的演算家都會擔負精確的任務，例如：使地球不致在嚴重影響平衡的行動中停止運轉；尋找能源，發現地心，考慮星際殖民，逃離人類單調的統治。總之，是要對抗熱力學函數——熵。從那裡開始[我們從傳說的層次邁入主題]，頑固帶來忽冷忽熱的歷險，從冰原到火山，燒毀的星球與死亡的星體，高度與深度，產生動力的能源，以及墜落的運動。在中性、雪白、單一、無名的領域，無休止的對抗最可能的世界；靠著演算師[傑出、瘋狂、惡毒或抽象]，發現了破壞平衡的爐床，但同時也確保了世界不致毀滅。演算師的缺陷，加上不理性與錯誤，在廣大的知識表面上設下意外障礙，使眞相在虛構的元素中現形，使能源再度大量湧出，把世界還給年輕的新一代，燃燒出所有活力，照亮了夜晚。直到[極爲靠近起點]錯誤消失、去除瘋狂，眞相回歸再穩定不過的起伏狀態，仍然是不明確的傳聞。

現在我們能夠理解杜撰小說的手法、傳說的形式、主題的內容，三者間的一致性。在傳說背後進行的影子大戲，其實是場爭鬥，一邊是科學推理、中立的或然性[無名、單調、平順的聲音，不知從何方進入杜撰小說的內部，爲它的眞相添加可信度]，另一邊是新生、凱旋與死亡，屬於不大可能的敘事，傳說中的人物也在這裡出現與消失。杜撰小說的敘事反對科學的眞相，打破它冰冷的聲音，始終迎向高度的不可能性。它在宣告世界末日的單調低語上，迸發出「幸運」這不相稱的熱情、不眞實的偶然，以及不理性的急躁。凡爾納的小說是帶有負面色彩的知識。科學並沒有成爲娛樂；但娛樂來自科學的單一敘事。

這項科學敘事的功能[爲不可能的事件而自言自語]，讓人想起小說家胡賽(Raymond Roussel)賦予語句的角色，他如何斷開、粉碎、搖撼這些短句，以突顯不可能故事的神奇怪異性。利用傳聞的語調建立起來的東西，使科學推理失去了權威性的平衡，它不是知識學問[總是越來越可能]，也不是傳說[它有既定的形式]，是介於兩者之間某種無形的模糊狀態，那就是杜撰小說極其強烈的手法。

凡爾納的故事，其主題與傳說的部分非常接近「啓蒙」小說或「成長」小說，但是杜撰的成分又讓它遠離了這種氣息。也許，天眞的主角親身經歷這些冒險，就像接受許多儀式的考驗，比方：火的洗禮、冰冷的死亡、在危險的地區旅行、上升與下降、去到可能回不來的終極點，卻又奇蹟般地返回出發點。此外，所有的啓蒙與成長規律地遵守失望與轉變這兩條法則。英雄啓程上路，是爲了尋找在他天眞的雙眼中閃閃發亮、而他不太了解的眞相。這個眞相，他是找不到的，因爲它來自心中的欲望和虛浮的好奇心；反而是他從未懷疑的眞相給了他啓示，那比他一向熟悉的眞實來

得更深刻、更有待發掘，更加美麗甚或陰鬱：這眞實，是他自己，以及改變了樣貌的世界；黑炭與鑽石交換了彼此的黯沉與閃亮。凡爾納的遊歷遵守一項完全相反的定律：眞相根據它自身的定律，在無知者的驚訝眼前開展，知情的人則感到厭倦。只要學者的「偏差」[他在世上造出的缺陷、惡毒、分心、意外的障礙]沒有引它現身，這平靜的表面，這沒有談話主題卻又滔滔不絕的敘事可能會留在它最重要的隱避所。幸虧有這道細縫，各個角色穿過這逐漸冷漠、稍縱即逝的眞相世界。等到他們回來的時候，當然已經看到也學到了，但什麼也沒有改變，不論是世界的面貌，還是他們的內心深處。歷險沒有留下任何創傷印記。「漫不經心的」學者回到學問這重要的隱避所。「依照作者的意願，卡馬雷的作品完全毀掉了，沒有東西能將這既天才又可怕的發明家的大名，流傳後世。」杜撰小說的好幾個聲音消失在科學那沒有血肉的低語中；高可信度帶來的大波浪，爲無盡的沙灘擦去了來自最不可信的殘骸。這將持續下去，直到所有科學極有可能消失而又出現，這是凡爾納臨終前在《永恆的亞當》裡所保證的：

「我只能告訴你，摩娜小姐有她自己的方式，說句行話[你好]，上前攀談。」我們想說的是：行家，晚安。

傅柯

哲學家塞赫(Michel Serres)在《凡爾納的青春泉》(*Jouvences sur Jules Verne*)一書的序裡，提到「有限的地球與人類的旅行」這凡爾納作品中的目的與主題。

19世紀的任務，似乎是把自己分派到各個層面，以徹底消耗每個領域。不管是科學、歷史、哲學、文學……，適度愚蠢的我們分攤了所有這些種類，同樣的局面隨處可見。爲什麼，怎麼樣，等等，不是眼前的要務。凡爾納與時代並進，他的作品是循環中的循環，就像黑格爾所說，「百科全書」是圓中之圓。首先是在移動的共有空間裡進行週期性的循環旅行，有時以天眞的方式，有時則十分講究。大圓圈、經線、橢圓、等角線，這些劃在地球表面的封閉曲線，往返不休。經過30年的努力，這個「昂迪菲爾」定律建立在七個圓與三個中心的中央。幾何的太空禁區在已知與未知的土地、海洋、沙漠、森林與河流上搜索。經過了所有這些歷程、不同的相遇，我們到過地球上的每個地方，地底、地心、天上，包括太陽系，自天文學家拉普拉斯(Pierre-Simon Laplace，1749-1827)以降，我們知道了它的存在，它是包圍我們的終極大門，穩定、循環、平衡、封閉。你必須拋開最簡化的幾何才能了解，凡爾納的作品裡，一條直線也沒有。從羅馬到莫斯科，反之亦然，每條道路都是曲線，即便是最短的路。自成一環。每個地方的每趟行程，都與圓同形。《奇妙之旅》就這樣標出旅行時期的結束，其時，所有通道都已堵上。地球是有限的。路線網中的球體，系統中各種力量的脈絡已定位。我們通常跟著足跡前進就是證據，主角還在其次。前有尤里西斯、吉爾迦美什，後有薩克努山(譯註：《地心遊記》的人物)、李文斯頓，我們還能再寫出一個Telemachie(譯註：《奧德賽》前三章的所在地)？獻給兒童的旅行，兒童進行的旅行。這是所謂的第二代的第二個層次。

什麼是第二層次的旅行？大家都知道，故事總是以這些偉大的探險爲中心。陸續推來大地所能適應的浪潮。首要層次關乎我們的利益。我們不夠了解19世紀初西方世界興起蔓延的新運動：學者在全球旅行。那已不再是水手、士兵、農人或傳教士將土地占爲己有，而是科學家。開普敦有天文學家，南美洲有物理學家，到處都可見測量師、繪圖師和地質學家。我們的地理學涵括整個星球。這就創造了次要的旅行。學問帶來再適應。地理學於焉誕生，不再與其他事物有關，那是西方的學問成爲普世學問之時，它的存在是爲了整個空間，而非直線。地球成了地產，意即某些理由下的強占物。在凡爾納與其他人的作品中，世紀末的大帝國主義反映出學問對宇宙的攫取。所以，地球的循環、太空的曲線，全是爲了移動，這和百科全書的地位相同。學問只關乎事物與世界。不多不少的加以運用。這個地位仿擬科學，比起荷馬、培根與萊布尼茲之前從未做過的好多了。世界各地，有的只是肯定且實現的理論。因此我們走向天文學、機械原理、地質學、系統分類、大地測量、材料力學、彈道學……問題與解答的所在。潛水艇潛入不同等級的深度，某個空中的小城在非洲的中心展現它的山脈，那兒也看不見屬於人類的動物。再一次，在這個百科全書的領域中，也是這個世界，孔德分類出已知的土地，讓遊記探索暫時未知的部分，沒有一個地區是禁止穿越的。實證主義的地圖已經有條理地檢驗過了，就連社會學也是，相同的堅持還用在力學，地球的或天體的，還有生物學，安排整理與內在環境，對組合與流布有著相同的著迷。到最後，《奇妙之旅》成了《實證哲學課》，供所有人使用。地圖繪製的學問如此，認知的意識形態亦是如此。

塞赫

《凡爾納的青春泉》，1974年

艾采出版的凡爾納作品精裝版

一百多年前，
機械設備開始大行其道，
艾采這位出版商一向喜歡
推陳出新，熱愛新式美學，
並富有「當時少見的
出色行銷才能」，也利用
機器印刷裝幀書籍，將出版
帶入前所未有的新紀元，
打破以往書商的習慣做法，
甚至也改變了愛書者的習慣。
此後，在17世紀的大理石花紋
小牛皮與20世紀的精裝書頁
之間，紙板精裝書殼
也占有一席之地。

書商侯特(Michel Roethel)在巴黎拉格蘭治街經營一家凡爾納書店，他像個專家在上訴法院般滔滔不絕，介紹他店裡爲數眾多的艾采版精裝書。

1863年1月：凡爾納的第一本小說《熱氣球上的五星期》出現在書店的櫥窗裡。這書是12×18.6公分的小開本，裝訂單一印刷的封面。旋即熱銷。四年內，以同樣這種「口袋書」的形式，又連續出版了三本傑作：《地心遊記》、《從地球到月球》及《哈特拉斯船長歷險記》(1866年5月分上下兩冊發行)，作者的寫作能力由此可見一斑。

雖然與凡爾納合作還沒多久時間，但艾采已經信心滿滿，覺得自己慧眼獨具。凡爾納的多產符合合約各項條件的要求：每年出版兩部短篇小說或一部長篇，而且持續受到大眾喜愛，更加證明首批銷售情形很成功。

然而，訴求的對象還只是「讀者群」。年輕人的熱愛與父母的感興趣，促使艾采爲興趣最濃厚也最有錢的讀者群，出版一套賞心悅目又可保存良久的版本，讓「讀者」也晉身成爲「收藏家」。精心挑選好的書目印成28×19公分的規格，當成贈送別人或自己收藏的禮物書，艾采通常都選擇在過年期間讓新書上市，好讓讀者購書作爲新年禮物。艾采的做法，是爲這些高潮迭起的作品找來版畫界的大師配上能引發想像的插圖，再覆以顏色鮮豔的軋光細綿布，上面再印上與書本主題呼應的裝飾。

開始大量生產精裝版

「他運用當時的資源進行華麗的革新，造成傳統精裝工藝不可避免的沒落，這是成功的一項意外要素。自19世紀初，將「遮醜」的布貼在紙板上代替皮革封面，艾采在剛邁入大開本精裝小說的當時，催生輝煌的紙板裝訂，將工業革命的技術運用到書本上，使它大放異采。大量生產可能會使產品顯得庸俗，所以得逐年出版，爲他旗下這位偶像作家的新書，做出一系列精采豐富又細緻講究的變化，使得有收藏意願的購買量大爲增加。「紙板精裝」是艾采-凡爾納的共同產物，它是工業化引領社會改變的重要象徵。從巴爾札克到凡爾納，艾采稱得上是他那時代的傑出推手，這非凡的19世紀，好奇的精神是它的明顯特徵，帶動技術革新、企業發展、奢侈品普及化，以及「放縱的」品味。乍看「紙板精裝」的封面、封底與書背軋上了包含書名的圖案，並不令人訝異，它爲讀者開啓廣闊視野：船、錨、燈塔……(Claude Benoit，〈凡爾納與海〉，《海洋雜誌》，1984年5月)

接下來的精裝版

爲了明確說明，同時依照凡爾納作品出版的年代，以下列舉《奇妙之旅》精裝版依序採用的種類與裝飾。

四種主題裝飾

1866年12月：《哈特拉斯船長歷險記》，特殊的書板印有航行在冰山間的「前進號」。

1867年：《熱氣球上的五星期》、《地心遊記》，圓形圖飾包含兩個主題：熱氣球「維多利亞號」，以及史前模樣的地底湖。

1968年：《格蘭特船長的兒女》，東西半球的世界地圖與一艘船。

1871年11月：《海底兩萬里》，「鸚鵡螺號」舷窗外的潛水夫。

首批統一的系列，又稱「砲彈」

1872年:《從地球到月球》,附《環繞月球》。

1872年：《漂浮的城市》,《南非洲歷險記》。

1873年：《漂逝的半島》。

1874年:《牛博士》,《環遊世界八十天》。

雙色「旌旗」系列

1875年：《神祕島》。

1876年：《米歇爾・斯特羅哥夫》。

1877年：《黑印度》，《大法官》。

1885年：《桑道夫伯爵》，僅此帶有銀色旌旗。

「雙象」系列

1877年：《太陽系歷險記》。
1878年：《十五歲的船長》。
1879年：《一個中國人在中國的苦難》，《印度貴婦的五億法郎》。1880年：《蒸汽屋》。
1881年：《大木筏》(*La Jangada*)。
1882年：《魯賓遜學校》，《綠光》。
1883年：《環遊黑海歷險記》。
1884年：《南方之星》，《烽火島》。
1886年：《征服者羅比爾》，《一張彩卷》。
1887年：《北方反對南方》。
1888年：《兩年假期》。
1889年：《上下顛倒》，《法蘭西之路》。
1889年：《無名家庭》。
1890年：《凱撒・加斯加貝爾》，僅此帶有銀框。

兩個特例，又稱「星球」

1877年：《太陽系歷險記》。
1880年：《從地球到月球》，附《環繞月球》(再版)。

多色系列，「燈塔」書背

・「人像」封面：
1891年：《布拉尼康夫人》，僅此帶有印刷人像。
1892年：《克勞迪斯・蒙巴那克》(*Claudius Bombarnac*)，《喀爾巴阡古堡》，黏貼的人像。
1893年：《小把戲》(同上)。
1894年：《昂迪菲爾奇遇記》(同上)。
1895年：《機器島》(同上)。
・「金球」封面：
1896年：《迎著三色旗》，《奧蘭情遊》(*Clovis Dardentor*；譯註：原書名爲書中主人翁之名)。
1897年：《冰山上的獅身人面像》(*Le Sphinx des glaces*)。
1898年：《壯麗的奧里諾科河》(*Le Superbe Orénoque*)。
1899年：《怪人的遺囑》。
1900年：《第二祖國》(*Seconde patrie*)。
1901年：《飛行村》(*Le Village aérien*)，《卡畢度蘭的故事》(*Les Histoires de Cabidoulin*)。
1902年：《基普兄弟》(*Les frère Kip*)。
1903年：《旅行基金》(*Bourses de voyage*)。
1904年：《世界主宰者》，《利弗尼的悲劇》(*Un drame en Livonie*)。
・「單象」封面，扇面上具有裝飾風格的標題：
1905年：《大海入侵》(*L'Invasion de*

la mer)，《世界盡頭的燈塔》。
1906年:《金火山》(*Le Volcan d'or*)。
1907年:《湯姆生公司分行》(*L'Agence Thompson and Co.*)。
1908年：《流星追逐記》(*La Chasse au météor*)，《多瑙河引水員》。
1909年：《約納丹號歷險記》。
1910年：《隱身新娘》，《昨天與明天》(*Hier et demain*)。

「船錨」書背三部曲

封面沒有了「人像」圖案，改以標題框取代。
1895年到最後:《格蘭特船長的兒女》(再版)，《神祕島》(同上)，《桑道夫伯爵》(同上)。

「小薄本」

有些書只有結合兩部短篇才能符合合約規定的規格大小時，這兩部作品會先在當年各自出版比較薄的單行本。

從《熱氣球上的五星期》(1867)到《昨天與明天》(1910)，期間的「小薄本」陸續出現的樣式有四種：

1867-1874：封面「兩束玫瑰」，爲八篇小說採用。

1875-1889：封面「縮寫字母J.V.、J.H.」，爲12篇小說採用。

1892-1905：封面「輪船」，金色圓片，爲九篇小說採用。

1905-1910：封面「莨苕葉」，爲最後五篇小說採用。

每當裝飾方式改變，已出版的書冊，不管是單行本還是合訂本，都會再次以新式封面出版——只有少數例外。使每一階段的收藏都很完整！這種等比級數的增加方式，以及「艾采調色板」豐富的顏色變化(至1890年止)，使作品開枝散葉，更賞心悅目！

從艾采轉到樺榭(Hachette)

出版社創始人艾采與1905年凡爾納這位鎮社之寶作家相繼去世後，小艾采獨立掌管事務。1914年，由於困難重重，導致經營不善，最後只得將事業頂讓給財力雄厚的樺榭出版社。1919年，凡爾納最後一部未完成小說《巴爾薩克考察隊的驚險遭遇》就在新東家出版了。這是作家兒子米歇爾代父完成的作品，他將它帶往新的方向，以結束一系列47大本《奇妙之旅》。

侯特

大事紀

1828 2月8日，茵勒·凡爾納出生於費多島的南特，父親皮耶·凡爾納是訴訟代理人，母親是蘇菲·阿洛特·德拉福依。

1829 6月26日，弟弟保羅出生；後來還有三個妹妹：安娜(1837-1919)，夫婿Ange Ducrest de Villeneuve；瑪蒂德(1839-1920)，夫婿Victor Fleury；瑪麗(1842-1913)，夫婿Léon Guillon。

1833-46 上遠洋輪船長的遺孀桑邦夫人辦的學堂。接著就讀位於Saint-Donatien的小修道院的聖斯塔尼斯拉學校，以及皇家中學(即今南特中學)。1840年起住在尚-賈克-盧梭街6號。到了氣候宜人的季節，凡爾納一家即移居南特郊區的尚特奈。

1846 中學畢業。爲了取悅父親而研讀法律。

1847 4月前往巴黎。通過第一年的法律課程考試。雙親遠在南特，在那兒，他愛慕的表姊卡洛琳·特朗松(1826-1902)於4月27日與Emile Dezaunay結婚。

1847-48 對艾蜜妮(1827-？)傾心不已，爲她寫下許多首情詩。

1848 7月，回到巴黎參加第二年法律考試。獲悉艾蜜妮同月19日與Armand Terrien de la Haye結婚，30日寄給母親一封「白日夢信」。常上某幾個文藝沙龍，從這時起，覺得自己對文學比對法律感興趣。

1849 獲得法律學士學位。寫了許多劇本。與小仲馬結爲好友，舉辦「11個光棍」晚餐聚會。

1850 6月12日，《折斷的麥稈》首演，這是他第一部印行並搬上舞台的劇本。和同是南特人的音樂家伊尼亞成爲朋友，爲他寫了幾部喜歌劇的腳本。完成《齊立丁和齊丁立》(*Quiridine et quidinerit*)。

1851 不列塔尼人Pitre-Chevalier在他負責的《家庭博物館》刊出凡爾納早期的短篇小說：《墨西哥的幽靈》和《空中歷險記》。10月，顏面神經麻痺首次發作。開始創作《蒙娜麗莎》(*Monna Lisa*)。

1852 爲了投身文學創作，拒絕接手父親的事業。撰《皮耶-尙》(*Pierre-Jean*)。在《家庭博物館》發表《馬丁帕茲》(*Martin Paz*)、《加州城堡》(*Les Châteaux en Californie*)。擔任抒情歌劇院祕書。

1853 《情愛捉迷藏》搬上舞台演出，伊尼亞譜曲。弟弟保羅自海地返國，在舅舅普律東位於拉葛希的寓所爲他接風洗塵。在南特認識羅杭絲(Laurence Janmar)，爲她傾心。創作《羅馬》(*Le Siège de Rome*)。

1854 6月，抒情歌劇院經理塞維斯特去世，結束了凡爾納的祕書工作。羅杭絲8月嫁作人婦。在《家庭博物館》發表《佐奇瑞大師》。

1855 《瑪喬蘭的夥伴》(*Compagnons de la Marjolaine*)搬上舞台演出，伊尼亞譜曲。顏面神經麻痺再次發作，消化系統也出問題。很想結婚。創作《昂塞姆的婚禮》(*Le Mariage de M. Anselme des Tilleuls*)，著手寫《本日幸福時光》(*Les Heureux du jour*)劇本。《家庭博物館》刊登《冰雪中度過的冬天》(*Un hivernage dans les glaces*)。發表第一首歌曲：「前進吧，輕步兵！」(En avant les zouaves!!)。

1856 5月17日，前往亞眠參加朋友勒拉吉和艾美·德維安小姐的婚禮。愛上新娘的姊姊歐諾琳·德維安，她是育有兩個女兒的年輕寡婦。爲了改善經濟狀況，決定投入股市工作。創作《聖卡羅士》(*San Carlos*)。發表歌曲「達芙妮」(Daphné)，伊尼亞譜曲。

1857 1月10日，與歐諾琳在巴黎舉行非常簡單的婚禮。出版第一本歌曲集，伊尼亞譜曲。

1858 2月17日，《黑猩猩先生》(*M. De Chimpanzé*)首演，伊尼亞譜曲。顏面神經麻痺三度發作。

1859 與伊尼亞前往英格蘭與蘇格蘭旅遊；創作長篇遊記《英格蘭與蘇格蘭之旅》，始終沒有發表。關於蘇格蘭景點的描寫放入《黑印度》與《綠光》中。保羅離開海軍，也投身股市，與Berthe Meslier de Montarand結婚。

1860 《阿登山的小旅館》(*L'Auberge des Ardennes*)搬上舞台演出，伊尼亞譜曲。

1861 6月1日，《在位11天》(*Onze jours de siège*)首演。6月15日，二度和伊尼亞搭船旅行，前往挪威與斯堪地納維亞半島；將旅遊時作的筆記(已佚失)運用於《一張彩卷》。8月3日，尚未返國，獨生子米歇爾出生。

1862 10月左右結識出版商艾采。《空中之旅》成爲《熱氣球上的五星期》。10月23日，和艾采簽訂第一只合約。

1863 1月31日，首次發行《奇妙之旅——熱氣球上的五星期》。納達成立「運用比空氣重的裝置空運促進會」，凡爾納擔任監察員。出版第二本歌曲集，伊尼亞譜曲。在《家庭博物館》發表《關於「巨人」》(*A propos du《Geant》*)。

1864 1月1日，和艾采簽訂第二只合約。在《家庭博物館》發表《愛倫坡與他的作品》(*Edgard Poe et ses oeuvres*)。艾采退回《20世紀的巴黎》手稿。3月20日，《教育暨娛樂期刊》創刊，發表《哈特拉斯船長歷險記》。出版《地心遊記》。在《家庭博物館》發表《商特蘭伯爵》(*Le Comte de Chanteleine*)。顏面神經麻痺四度發作。搬到奧特伊。

1865 出版《從地球到月球》。《家庭博物館》刊登《突破封鎖》(*Les Forceurs de blocus*)。《教育暨娛樂期刊》自1865年12月20日至1867年12月5日連載《格蘭特船長的兒女》。開始在勒柯托出海航行。寫《魯賓遜叔叔》(*L'Oncle Robinson*)，被艾采退稿；後改寫成《神祕島》。杜杉的妻子艾斯黛・艾南(凡爾納的「情婦」)29歲去世。搬到翠波特，在巴黎塞弗街仍留有落腳處。簽訂第三份合約，每年交三本書。成爲地理學會會員。

1866 在勒柯托創作《法國與其殖民地地理》，以拉法雷(Lavallée)爲起點。著手撰寫《海底兩萬里》。

1867 和弟弟保羅搭乘「大東方號」，前往美國；造訪紐約與尼加拉瓜瀑布。

1868 買了一艘小艇，取名「聖米歇爾號」。簽訂第四只合約。

1869 《教育暨娛樂期刊》連載《海底兩萬里》；韓波從中獲得靈感，創作〈醉舟〉一詩。在《辯論報》發表《環繞月球》。

1870 《辯論報》連載《漂浮的城市》。艾采出版《發現地球》(*Découverte de la Terre*)。獲頒騎士榮譽勳章。創作《騙局》。戰時加入勒柯托海岸巡邏隊；妻子與小孩住在亞眠。

1871 《教育暨娛樂期刊》連載《南非洲歷險記》。簽訂第五份合同，將每年三本書改爲兩本。11月3日，父親皮耶去世。7月，定居亞眠。

1872 《家庭博物館》連載《牛博士》。入選亞眠學院。《奇妙之旅》獲法蘭西學院頒獎。《教育暨娛樂期刊》連載《漂逝的半島》。《時報》連載《環遊世界八十天》。

1873 《美國姪子》(*Un neveu d'Amérique*)搬上舞台演出。在亞眠搭乘熱氣球，撰文〈熱氣球上的24分鐘〉。在《地理學會公報》發表《子午線與曆法》(*Les Meridiens et le calendrier*)。搬入朗格維爾路44號。

1874 《教育暨娛樂期刊》連載《神祕島》。《時報》連載《大法官》。《環遊世界八十天》改編戲劇演出。凡爾納刪改《家庭博物館》登過的短篇，艾采將它們與《牛博士》集結出書。

1875 在亞眠學院迎接新院士Gustave Dubois和Gédéon Baril，朗讀〈理想的城市〉。

1876 《教育暨娛樂期刊》連載《米歇爾・斯特羅哥夫》。買下「聖米歇爾二號」。歐諾琳患重病。

1877 《教育暨娛樂期刊》連載《太陽系歷險記》。《時報》連載《黑印度》。買下「聖米歇爾三號」。舉辦第一場化妝舞會，歐娜再度病倒，並未出席。將叛逆的兒子米歇爾送至兒童教養所。與Pont-Jest爲《地心遊記》打官司。

1878 《教育暨娛樂期刊》連載《十五歲的船長》。《格蘭特船長的兒女》改編戲劇演出。改寫《發現地球》，發表在《偉大的旅行家與旅程》系列。2月4日，米歇爾經由法院裁決，前往印度。「聖米歇爾三號」首次出海，航經里斯本、丹吉爾、直布羅陀、阿爾吉爾。

1879 在《時報》發表《一個中國人在中國的苦難》。《教育暨娛樂期刊》連載《印度貴婦的五億法郎》，在艾采出版《邦迪號的造反者》(*Les Révoltés de la Bounty*)。《偉大的旅行家與旅程》推出第二冊《十八世紀的航海家》。「聖米歇爾三號」第二次出海，前往英格蘭與蘇格蘭。

1879-81 與亞眠的羅馬尼亞少婦露意絲(Louise Teutsch，1845-？)譜出戀曲(？)。

1880 《教育暨娛樂期刊》連載《蒸汽屋》。《米歇爾・斯特羅哥夫》搬上舞台演出。《偉大的旅行家…》推出第三冊《十九世紀的旅行家》。米歇爾與歌手「草地」泰瑞思(Thérès《du gazon》)結婚。

1881 《教育暨娛樂期刊》連載《大木筏》。第三次出海，前往荷蘭、德國，直到哥本哈根。於亞眠學院發表歡迎Pacaut院士的演說，朗讀《狩獵十小時》(*Dix heures en chasse*)。

1882 《教育暨娛樂期刊》連載《魯賓遜學校》。《時報》連載《綠光》。《跨越不可行》(*Voyage à travers l'impossible*)首演。10月，搬到查理-杜博街2號。

1883 《教育暨娛樂期刊》連載《環遊黑海歷險記》，改編劇本於同年上演。米歇爾拐走16歲少女珍娜(Jeanne Reboul，1867-1959)。

1884 《時報》連載《烽火島》。《教育暨娛樂期刊》連載《南方之星》。《費加洛畫報》刊登短篇《風吹雨打》。應開始撰寫《喀爾巴阡古堡》。「聖米歇爾三號」第四次也是最後一次出海，前往地中海。

1885 《時報》連載《桑道夫伯爵》。在《教育暨娛樂期刊》發表與洛希合作的《辛西亞號的獲救者》。舉辦第二場化妝舞會。

1886 《教育暨娛樂期刊》連載《一張彩卷》。《辯論報》連載《征服者羅比爾》。賣掉「聖米歇爾三號」。3月9日，姪子加斯東・凡爾納行兇，傷了凡爾納。3月17日，艾采去世。已有兩個孩子的米歇爾離婚，再娶珍娜。

1887 《時報》連載《法蘭西之路》以及艾采也有出版的《直・布羅陀》(*Gil Braltar*)。《教育暨娛樂期刊》連載《北方對抗南方》。《桑道夫伯爵》搬上舞台演出。2月15日，母親蘇菲去世。11月，前往比利時與荷蘭，朗讀《拉東一家》。

1888 《教育暨娛樂期刊》連載《兩年假期》。5月，當選亞眠市議員，1892、1896與1900年均獲選連任。

1889 《教育暨娛樂期刊》連載《無名家庭》。出版《上下顛倒》──其中參考Badoureau的摘錄。爲亞眠市立馬戲團舉行開幕典禮。

1890 《教育暨娛樂期刊》連載《凱撒・加斯加貝爾》。於亞眠學院朗讀改寫自其子作品的《2889年美國新聞記者的一天》。健康出現問題，身體狀況大不如前。

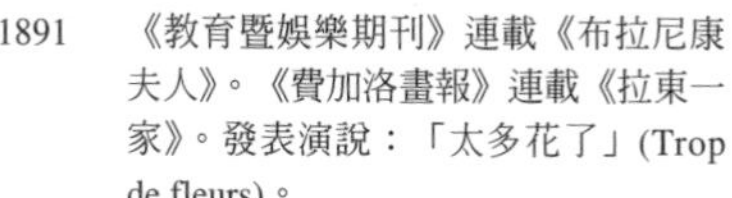

1891 《教育暨娛樂期刊》連載《布拉尼康夫人》。《費加洛畫報》連載《拉東一家》。發表演說：「太多花了」(Trop de fleurs)。

1892 《太陽日報》連載《克勞迪斯・蒙巴那克》。《教育暨娛樂期刊》連載《喀爾巴阡古堡》。於亞眠學院發表歡迎Ricquier院士的演說。寫出《利弗尼的悲劇》初稿，疑於1903年由米歇爾加以改寫。繼米歇爾(1885-1960)、喬治(1886-1911)之後，第三個孫子尙出生(1892-1980)。獲四級榮譽勳章。

1893 《教育暨娛樂期刊》刊登《小傢伙》。《費加洛畫報》聖誕節專刊連載《升D先生和降E小姐》(*M. Ré-dièze et Mlle Mi-bémol*)。

1894 《教育暨娛樂期刊》連載《昂迪菲爾奇遇記》。撰《回憶少年時》(*Souvenirs d'enfance et de jeunesse*)。發表演說《不得已的主席》(*Le Président malgré lui*)。

1895 《教育暨娛樂期刊》連載《機器島》。創作《美麗的黃色多瑙河》。米歇爾和父親合作。爲暈眩所苦。

1896 《教育暨娛樂期刊》連載《迎著三色旗》、《奧蘭情遊》。與Turpin爲《迎著三色旗》打官司。出現痙攣症狀。

1897 《教育暨娛樂期刊》連載《冰山上的獅身人面像》。8月27日，弟弟保羅去世。撰《在麥哲倫》。健康狀況持續走下坡，常暈眩，消化不良，視力聽力減退，行走困難。

1898 《教育暨娛樂期刊》連載《壯麗的奧里諾科河》。創作《金火山》。

1899 《教育暨娛樂期刊》連載《怪人的遺囑》。8月，最後一趟旅行，在諾曼地Les Petites-Dalles度假。

1900 《教育暨娛樂期刊》連載《第二祖國》。10月，女管家去世，搬到朗格維爾大道上的最小房子。

1901 《教育暨娛樂期刊》連載《飛行村》(但以《大森林》(*La Grande forêt*)爲篇名)，以及《卡畢度蘭的故事》。創作《流星追逐記》、《隱身新娘》。

1902 《教育暨娛樂期刊》連載《基普兄弟》。身體健康嚴重老化衰退；11月1日，他抱怨：「字彙不見了，點子也沒了。」

1903 《教育暨娛樂期刊》連載《旅行基金》。

1904 《教育暨娛樂期刊》連載《利弗尼的悲劇》、《世界主宰者》。

1905 《教育暨娛樂期刊》連載《大海入侵》、《世界盡頭的燈塔》。3月24日，最後一次糖尿病發作，凡爾納辭世，享年77歲。

作家生平與著作由
Olivier Dumas整理
Editions de la Manufacture

1863至1904年間，凡爾納生前每部作品的發行量

書名	發行量
《熱氣球上的五星期》	76,000
《從地球到月球》	37,000
《地心遊記》	48,000
《哈特拉斯船長》	37,000
《格蘭特船長的兒女》	38,000
《海底兩萬里》	50,000
《環繞月球》	31,000
《漂浮的城市》	28,000
《漂逝的半島》	26,000
《牛博士》	33,000
《神祕島》	44,000
《大法官》	26,000
《南非洲歷險記》	36,000
《米歇爾·斯特羅哥夫》	49,000
《黑印度》	31, 000
《太陽系歷險記》	18,000
《環遊世界八十天》	108,000
《十五歲的船長》	31,000
《中國人在中國》	28,000
《印度貴婦的五億法郎》	17,000
《蒸汽屋》	18,000
《大木筏》	17,000
《魯賓遜學校》	10,000(未絕版)
《環遊南海歷險記》	13,000
《南方之星》	10,000(未絕版)
《烽火島》	11,000
《桑道夫伯爵》	10,000
《征服者羅比爾》	12,000
《一張彩卷》	10,000
《北方對抗南方》	9,000
《綠光》	14,000
《兩年假期》	8,000
《上下顛倒》	8,000
《凱撒·加斯加貝爾》	9,000
《無名家庭》	7,000
《法蘭西之路》	10,000
《布拉尼康夫人》	7,000
《喀爾巴阡古堡》	9,000
《克勞迪斯·蒙巴那克》	8,000
《小傢伙》	6,000
《昂迪菲爾》	7,000
《機器島》	7,000
《迎著三色旗》	12,000
《奧蘭情遊》	6,000
《冰山上的獅身人面像》	6,000
《奧里諾科河》	5,000(未絕版)
《怪人的遺囑》	6,000
《第二祖國》	4,000(未絕版)
《卡畢度蘭》	5,000
《飛行村》	6,000
《基普兄弟》	4,000(未絕版)
《旅行基金》	4,000(未絕版)
《利弗尼的悲劇》	4,000(未絕版)
《辛西亞號的獲救者》	6,000

Charles Noël Martin於1978年製表

作品改編電影輯錄

在電影發明前五年，凡爾納已在《喀爾巴阡古堡》中想像出電影藝術，他構想出全像攝影的立體有聲畫面。當作家還很年輕時，電影這第八藝術就經常出現在他的作品裡。麥里斯(Georges Méliès)這位影戲大師首先爲此著迷，他從阿丹、尼莫與哈特拉斯船長等角色身上獲得靈感，創造出飛向月亮、潛入海底及征服極地的畫面。

美國電影從一開始就自凡爾納的作品發現取之不盡的冒險故事靈感。20世紀期間，凡爾納的作品被改編搬上銀幕達一百多次，好萊塢電影以其龐大的製作和拍片量而獨占鰲頭。這些美國電影工作者與劇作家和凡爾納共同探究人類的寬宏視野，但是他們時常爲了討好觀眾而

偏離原作的精神旨趣。

捷克動畫大師澤曼(Karel Zeman)則是個例外，他盡量保持凡爾納作品在19世紀大放光采的清新感。1916年，米歇爾將父親留下的初稿改寫完成後，即投入電影事業。1916至19年間，他製作並導演了四部由Eclair發行的電影。

一如翻譯凡爾納的作品，電影的製作也見證了凡爾納的普遍性。自前蘇聯至美國，從日本到墨西哥，從匈牙利到西班牙，電影也從其作品汲取靈感，使用「星際大戰」的所有技術與先進特效。

電視也來改編凡爾納的作品。1960至70年代，法國國家廣播電視台(ORTF)不僅改編播出凡爾納最有名的作品，也包括較不爲人知的《佐奇瑞大師》、《隱身新娘》，以及Jean-Christophe Averty於1976年導演的《喀爾巴阡古堡》。

本書作者德其斯

※以下依照電影發行年代順序排列

《從地球到月球》：1902年，Georges Méliès(法國)，片名：《月球之旅》；1903年，Segundo de Chomon(西班牙)，片名同上；1958年，Byron Haskin(美國)；1967年，Don Sharp(英國)，片名：《凡爾納的奔月火箭》，搞笑片；1969年，Roy Ward Baker(英國)，片名：《月球零二號》；1976年，Juan Piquer(西班牙)。

《海底兩萬里》：1905年，Mac Cutcheon(美國)；1910年，無導演名(英國)；1915年，J. E. Williamson & Stuart Paton(美國)；1916年，米歇爾・凡爾納(法國)；1927年，Enrique Rambal(西班牙)；1928年，無導演名(美國)；1937年，無導演名(美國)；1954年，Richard Fleisher(美國)；1969年，James Hill(美國)，片名：《尼莫船長與海底城》。

《地心遊記》：1907年，Segundo de Chomon(西班牙)；1959年，Henri Levin(美國)；1964年，A. B. Crevenne(墨西哥)；1977年，Juan Piquer(西班牙)。

《米歇爾・斯特羅哥夫》：1908年，無導演名(美國)；1910年，Searle Dawley(美國)；1914年，John Ince(美國)；1914年，Loyd B. Carleton(美國)；1926年，Victor Rourjansky(法國)；1935年，Richard Eichberg(德國)；1936年，Jacques de Baroncelli(法國)；1937年，Georges Nicholls(美國)，片名：《士兵與淑女》；1942年，Ermolieff(前蘇聯)；1943年，Miguel M. Delgado(墨西哥)；1956年，Carmine Gallone(義-法)；1961年，Victor Tourjansky(法國)，特例，此片爲上部片子的續集，片名：《米歇爾・斯特羅哥夫的勝利》，隨後由凡爾納的孫子尚-莒勒・凡爾納(Jean-Jules Verne)改編成小說；1970年，Eriprando Visconti(義大利)；1976年，Pierre Decourt(法國)，TF1電視台。

《征服者羅比爾》：1909年，Walter Booth(英國)，片名：《失敗的太空船》；1965年，William Witney(美國)，見《世界主宰者》。

《格蘭特船長的兒女》：1910年，Henri Russell(法國)；1942年，Vainstchok(前蘇聯)；1963年，Robert Stevenson(美國)。

《環遊世界八十天》：1913年，Carl Werner(德國)；1919年，Richard Oswald(德國)；1922年，Reeves Eason、Robert F. Hill(美國)；1937年，無導演名(前蘇聯)；1956年，Michael Anderson(美國)；1963年，Norman Maurer(美國)，片名：《三傻遊世界》，搞笑片；1975年，Jean Marsan、Jean Le Poulain(法國)，A2。

《摩黑納斯的命運》：1916年，米歇爾・凡爾納(法國)。

《黑印度》：1917年，無導演名(義大利)；無年代，米歇爾・凡爾納(法國)；1964年，Marcel Bluwal(法國)，國家廣播電視台。

《印度貴婦的五億法郎》：1919年，米歇爾・凡爾納(法國)。

《桑道夫伯爵》：1920年，Henri Fescourt(法國)；1962年，Georges Lampin(法國)。

《神祕島》：1927年，Enrique Rambal(西班牙)；1929年，M. Tourneur、B. Kristensen、L. Hubbard(美國)；1941年，E. A. Penzline、B. M. Chelinzen(前蘇聯)；1950年，Spencer Bennett(美國)；1961年，Cy Endfield(英國)；1963年，Pierre Badel(法國)，國家廣播電視

台；1973年，Juan A. Bardem(西班牙)，法國國家廣播電視台。
《大海入侵》：1937年，無導演名(前蘇聯)。
《十五歲的船長》：1946年，Jouravlev(前蘇聯)；1974年，Jess Franco(西班牙)。
《喀爾巴阡古堡》：1957年，A. Cavalcanti(羅馬尼亞)；1976年，J.-C. Averty(法國)，A2電視台。
《迎著三色旗》：1957年，Karel Zeman(捷克)，片名：《奇幻歷險》；無年代、導演名，片名：《旗幟》。
《大木筏》：1961年，Emilio Gomez Muriel(西班牙)，片名：《亞馬遜河800里格》；1963年，無導演名，片名：《亞馬遜河的魯賓遜》。
《太陽系歷險記》：1961年，Edward Bernds(美國)，片名：《龍谷》；1970年，Karel Zeman(捷克)，片名：《塞瓦達克的方舟》。
《兩年假期》：1962年，Enrique Gomez Muriel(西班牙)；1974年，Gilles Grangier(法國)，國家廣播電視台。
《熱氣球上的五星期》：1962年，Irwin Allen(美國)。
《世界主宰者》：1965年，William Witney(美國)，此片包含《征服者羅比爾》的內容。
《流星追逐記》：1966年，Roger Iglesis(法國)，ORTF。
《一個中國人在中國的苦難》：1966年，Philippe de Broca(法國)。
《隱身新娘》：1967年，Eric Le Hung(法國)，ORTF。
《升D先生和降E小姐》：1968年，J. Trebouta(法國)，ORTF，片名：《奇妙管風琴》。
《南方之星》：1969年，Sidney Hayer(英國)。
《世界盡頭的燈塔》：1971年，Kevin Billington(西班牙)。
《佐奇瑞大師》：1973年，Pierre Bureau(法國)，ORTF。

以上電影資料由François Raymond編製

圖片目錄與出處

封面

凡爾納照片，納達攝。年邁的凡爾納，漫畫。亞眠，凡爾納文獻中心。

書背

同上。

封底

三本艾采出版的精裝書封面。私人收藏。

扉頁

1-9 《世界的主宰》精裝書封面，「輪船」版。艾采出版社。私人收藏。

11 《昂梯菲爾》艾采精裝書封面。私人收藏。

第一章

12 艾采版海報，1888新年書禮。南特，凡爾納博物館。

13 《可憐的魯賓遜》，「活動劇場」系列，第一圖。南特，凡爾納博物館。

14 凡爾納的母親蘇菲，油畫。私人收藏。

14-15 Les Salorges貨棧的南特市景，版畫。巴黎，國家圖書館。

15 皮耶．凡爾納，油畫。私人收藏。

16 《可憐的魯賓遜》，「活動劇場」系列。南特，凡爾納博物館。

16-17 莒勒與保羅．凡爾納，油畫。私人收藏。

17上 威斯的《瑞士魯賓遜》書名頁，1841年。南特，凡爾納博物館。

17下 克電普頓火車頭，版畫。
18-19 〈南特賣魚人〉，Asselineau繪，平版印刷。南特，凡爾納博物館。
19上 兒時的莒勒，Epinal繪。巴黎，國家圖書館。
19下 卡洛琳與瑪麗・特朗松，油畫。私人收藏。
20 〈共和國教育兒童〉，版畫，1848年。巴黎，國家圖書館。
20-21 1848年2月22日在抹大拉教堂，版畫。巴黎，國家圖書館。
21左 國會選票，1848年。巴黎，國家圖書館。
21右 馬哈斯，版畫。巴黎，國家圖書館。
22 〈路易・菲立普時期的宴會〉，E. Lami繪，水彩畫。巴黎，羅浮宮博物館。
22-23 大仲馬，Devéria繪，平版印刷。巴黎，國家圖書館。
23 雨果，油畫。凡爾賽宮。
24上 演員Frédérick Lemaître，照片。
24下 歷史劇院，版畫。巴黎，Carnavalet博物館。
24-25 《折斷的麥稈》書名。南特，凡爾納博物館。
25 路易-拿破崙1849年登基，Horace Vernet繪。巴黎，國家圖書館。
26-27上 〈電〉，平版印刷。南特，凡爾納博物館。
26-27下 巴黎至聖日耳曼的火車，平版印刷。
27上 賈克・阿拉戈的《家庭與幕後》書名頁。南特，凡爾納博物館。
27下 賈克・阿拉戈，版畫。巴黎，國家圖書館。
28 〈墨西哥的幽靈〉，版畫，載《家庭博物館》，1851年7月。巴黎，國家圖書館。
28-29 〈空中歷險記〉，版畫，載《家庭博物館》，1851年8月。巴黎，國家圖書館。
29左 《家庭博物館》書名頁，1850/1851年。巴黎，國家圖書館。
29右 〈冰雪中度過冬天〉，版畫，載《家庭博物館》，1855年4月。巴黎，國家圖書館。
30 〈佐奇瑞大師〉，版畫，載《家庭博物館》，1854年。巴黎，國家圖書館。
31 霍夫曼，自畫像。巴黎，國家圖書館。
32 1858年的義大利人大道，版畫。
32-33 好消息大道上的法國大咖啡館，版畫。巴黎，Carnavalet博物館。
33 大仲馬與兒子小仲馬，漫畫。巴黎，國家圖書館。
34上 歐諾琳・德維安，照片。南特，凡爾納博物館。
34-35 Béranger的漫畫，版畫。
35上 兒時的米歇爾・凡爾納，照片。南特，凡爾納博物館。
35下 奧芬巴哈肖像，版畫，Gustave Doré繪。巴黎，國家圖書館。

第二章

36 〈共和國〉，草圖，Daumier作。巴黎，奧塞美術館。
37 《莉莉小姐的旅行與發現》中艾采所繪的版畫插圖。艾采出版社。
38左 Nodier《迪耶普漫遊蘇格蘭》插圖。南特，凡爾納博物館。
38右 芬加爾海蝕洞，版畫。私人收藏。
39 艾采，漫畫，Gil作。南特，凡爾納博物館。
40左 《熱氣球上的五星期》的版畫插圖。艾采出版社。
40右 《熱氣球上的五星期》的扉頁。艾采出版社。
41左 《熱氣球上的五星期》的版畫插圖。艾采出版社。
41右 艾采一家人，照片。南特，凡爾納博物館。
42 《熱氣球上的五星期》中主角弗格森的插圖。艾采出版社。
42-43 《空中飛船》，載《家庭博物館》。巴黎，國家圖書館。
43 熱氣球上的納達與妻子，照片。
44 艾采出版社的海報圖樣。南特，凡爾納博物館。
45上 凡爾納與艾采的合約複製品。南特，凡爾納博物館。
45中 《教育暨娛樂期刊》精裝書封面，細部，1888年。南特，凡爾納博物館。
45下 尚・馬塞，照片。巴黎，國家圖書館。
46-47 《哈特拉斯船長歷險記》，插圖。艾采出版社。
47上 同上，Epinal繪。南特，凡爾納博物館。
48 《從地球到月球》，插圖。艾采出版社。
49上 亞硒酸鹽人，威爾斯的《月球上的第一人》插圖。南特，凡爾納博物館。
49下 弗拉馬里翁，版畫。巴黎，國家圖書館。
50-51和52-53 《環繞月球》，插圖。艾采出版社。
54 凡爾納在亞眠工作，版畫。南特，凡爾納博物館。
54-55 《蒸汽》的海報，細部。南特，凡爾納博物館。
55上 勒柯托港的漁船，明信片。南特，凡爾納博物館。
56左 勒柯托的漁民，明信片。南特，凡爾納博物館。
56右 「聖米歇爾一號」。亞眠，凡爾納文獻中心。
56-57 「大東方號」上的凡爾納，Epinal繪。巴黎，國家圖書館。
57 《漂浮的城市》插圖。艾采出版社。
58上 Boyton博士的潛水衣，載《小偷》，1875年4月30日。南特，凡爾納博物館。
58下 《科學的多種形式》插圖，Cruikshank繪。南特，凡爾納博物館。
58-59上 《海底兩萬里》的海報字體，迪士尼製作。南特，凡爾納博物館。
58-59 貝耶納博士的潛水艇剖面圖，載《畫報》，1846年7月25日。南特，凡爾納博物館。
59 《法杭度的絕妙之旅》插圖，主角羅比達。南特，凡爾納博物館。
60-61 《海底兩萬里》插圖，1946年，紐約Scribners出版社。南特，凡爾納博物館。
61 「鸚鵡螺號」模型。南特，凡爾納博物館。
62上 《世界盡頭的燈塔》插圖，繪者不詳。南特，凡爾納博物館。
62下 凡爾納，漫畫，Gil作。南特，凡爾納博物館。
63 《征服者羅比爾》插圖，班奈特繪。南特，凡爾納博物館。
64上 凡爾納，照片。亞眠，凡爾納文獻中心。
64下 凡爾納，版畫。巴黎，國家圖書館。
64右 《發現地球》精裝書封面。南特，凡爾納博物館。
64-65 艾采出版社海報，1890新年書禮。南特，凡爾納博物館。

第三章

66 艾采出版社海報，1889新年書禮。南特，凡爾納博物館。
67 凡爾納的地球儀。南特，凡爾納博物館。
68上 〈1871年巴黎，搬運傷患〉，J.-B. Carpeaux 繪，瓦倫斯美術館。
68下 凡爾納，照片。
69 1870年，駐紮在杜樂麗花園的法國軍隊，照片。巴黎，國家圖書館。
70上 聖西門的《工業家教理》書名，1823年。巴黎，國家圖書館。
70下 凡爾納，漫畫，Gil作。南特，凡爾納博物館。
71 巴黎-亞眠-布洛涅鐵路路線圖。巴黎，國家圖書館。
72上 《環遊世界八十天》的海報字體，Michael Todd製作。南特，凡爾納博物館。
72下 《環遊世界八十天》的走馬燈玻璃片。南特，凡爾納博物館。
72-73 《環遊世界八十天》的跳格遊戲。南特，凡爾納博物館。
74上 Poulin食品公司的《環遊世界八十天》廣告。南特，凡爾納博物館。
74下 《環遊世界八十天》遊戲。南特，凡爾納博物館。
74-75 《環遊世界八十天》的盒裝填字遊戲。南特，凡爾納博物館。
76 夏特雷劇院的《環遊世界八十天》海報。南特，凡爾納博物館。

第四章

110 年邁的凡爾納，漫畫。亞眠，凡爾納文獻中心。
111 凡爾納在亞眠的墓園，Albert Roze塑。
112 向凡爾納致敬，載《自然與人》，1905年俄文週刊。南特，凡爾納博物館。

見證與文獻

113 凡爾納，達利繪。南特，凡爾納博物館。
114-115 《諾迪耶家的宴會》，Tony Johannot繪，版畫。
116-117 1840年南特一景，版畫。巴黎，國家圖書館。
120 歐諾琳，照片。
122 《劇場之旅》精裝書封面。私人收藏。
123 《歌劇院的包廂》，Eugène Lami繪，巴黎，Carnavalet博物館。
124-125 《哈特拉斯船長歷險記》插圖。艾采出版社。
127 《環繞月球》插圖。艾采出版社。
129 《桑道夫伯爵》插圖。艾采出版社。
131 《海底兩萬里》插圖。艾采出版社。
132 《海底兩萬里》「扇子」精裝書封面，細部。艾采出版社。
133 凡爾納，漫畫，載《秀麗有喜感的阿爾及利亞》。亞眠，凡爾納文獻中心。
134 《環遊世界八十天》，托爾斯泰繪。莫斯科，托爾斯泰博物館。
136 艾采出版社海報，1892新年書禮。南特，凡爾納博物館。
138 凡爾納，納達攝。
142-143 《風吹雨打》插圖，載《費加洛畫報》。南特，凡爾納博物館。
144-145 19世紀的亞眠，照片。巴黎，國家圖書館。
146 凡爾納的親筆簽名。
147 凡爾納亞眠家中的工作室。亞眠，凡爾納文獻中心。
148 《環繞月球》插圖。艾采出版社。
150 《莉莉小姐的旅行與發現》中艾采所繪的版畫插圖。艾采出版社。
158 凡爾納，納達攝。
160-163 凡爾納作品的艾采版精裝書封面。私人收藏。
167 《環遊世界八十天》的填字遊戲卡。南特，凡爾納博物館。

圖片版權所有

巴黎，國家圖書館：14-15, 19上, 20, 20-21, 21上, 21下, 22-23, 25, 27下, 28, 28-29, 29左, 29右, 30, 31, 33, 35下, 42-43, 45下, 49下, 56-57, 64下, 69, 70左, 71, 83, 97下, 99下, 116-117, 144-145。私人收藏：封面, 書背, 封底, 1-9, 11, 12, 13, 14, 15, 16, 16-17, 17上, 18-19, 19下, 24-25, 26-27上, 27上, 34上, 34-35, 35上, 37, 38左, 38右, 39, 40左, 41左, 41右, 42, 43, 44, 45上, 45中, 46上, 46-47, 47上, 47下, 48, 49上, 50-53, 54, 54-55, 55, 56左, 56右, 57, 58上, 58下, 58-59上, 58-59, 59, 60-61, 62上, 62下, 63, 64上, 65, 66, 67, 68上, 70下, 72上, 72下, 72-73, 74上, 74下, 74-75, 76, 77右, 78, 79左, 79右, 80上, 80-81, 82上, 82下, 84左, 84右, 85, 86, 86-87, 88, 89, 90, 91, 92, 92-93, 93, 94, 94-95, 96, 97上, 98-99, 99上, 100上, 100下, 100-101, 101, 102上, 102中, 102-103, 103, 104-105, 106, 106-107, 108-109, 109, 110左, 110右, 112, 113, 120, 122, 124-125, 127, 129, 131, 132, 133, 136, 138, 142-143, 147, 148, 150, 158, 160-163, 167。巴黎，Giraudon：22, 23, 24下, 36, 114-115, 123, 134。巴黎，La Vie du rail：17下, 26-27, 88-89。巴黎城市博物館/©Spadem：32, 32-33。巴黎，Roger Viollet：封面, 24上, 68下, 77左, 84-85。

索引

一劃

二劃

三劃

四劃

五劃

六劃

七劃

八劃

九劃

十劃

十一劃

十二劃

十三劃

十四劃

十五劃

十六劃

十七劃

十八劃

十九劃

二十劃

編者的話

時報出版公司的《發現之旅》書系，獻給所有願意親近知識的人。

此系列的書有以下特色：

第一，取材範圍寬闊。每一冊敘述一個主題，全系列包含藝術、科學、考古、歷史、地理等範疇的知識，可以滿足全面的智識發展之需。

第二，內容翔實深刻。融專業的知識於扼要的敘述中，兼具百科全書的深度和隨身讀物的親切。

第三，文字清晰明白。盡量使用簡單而清楚的文字，冀求人人可讀。

第四，編輯觀念新穎。每冊均分兩大部分，彩色頁是正文，記史敘事，追本溯源；黑白頁是見證與文獻，選輯古今文章，呈現多種角度的認識。

第五，圖片豐富精美。每一本至少有200張彩色圖片，可以配合內文同時理解，亦可單獨欣賞。

自《發現之旅》出版以來，這樣的特色頗受讀者支持。身爲出版人，最高興的事莫過於得到讀者肯定，因爲這意味我們的企劃初衷得以實現一二。

在原始的出版構想中，我們希望這一套書能夠具備若干性質：

●在題材的方向上，要擺脫狹隘的實用主義，能夠就一個人智慧的全方位發展，提供多元又豐富的選擇。

●在寫作的角度上，能夠跨越中國本位，以及近代過度來自美、日文化的影響，爲讀者提供接近世界觀的思考角度，因應國際化時代的需求。

●在設計與製作上，能夠呼應影像時代的視覺需求，以及富裕時代的精緻品味。

爲了達到上述要求，我們借鑑了許多外國的經驗。最後，選擇了法國加利瑪 (Gallimard) 出版公司的 *Découvertes* 叢書。

《發現之旅》推薦給正値成長期的年輕讀者：在對生命還懵懂，對世界還充滿好奇的階段，這套書提供一個開闊的視野。

這套書也適合所有成年人閱讀：知識的吸收當然不必停止，智慧的成長也永遠沒有句點。

生命，是壯闊的冒險；知識，化冒險爲動人的發現。每一冊《發現之旅》，都將帶領讀者走一趟認識事物的旅行。

發現之旅 79

凡爾納

追求進步的夢想家

原　　著—Jean-Paul Dekiss
譯　　者—馬向陽
主　　編—張敏敏
文字編輯—曹　慧
美術編輯—張瑜卿
董 事 長
發 行 人—孫思照
總 經 理—莫昭平
總 編 輯—林馨琴
出 版 者—時報文化出版企業股份有限公司
108台北市和平西路三段240號三樓
發行專線—（02）2306-6842
讀者服務專線—0800-231-705・（02）2304-7103
讀者服務傳真—（02）2304-6858
郵撥—19344724 時報出版公司
信箱—台北郵政79～99信箱
時報悅讀網—http://www.readingtimes.com.tw
電子郵件信箱—know@readingtimes.com.tw
印　　刷—詠豐彩色印刷股份有限公司
初版一刷—二〇〇五年十二月十九日
定　　價—新台幣二八〇元

⊙行政院新聞局局版北市業字第八〇號

ISBN 957-13-4415-X

國家圖書館出版品預行編目資料

凡爾納：追求進步的夢想家 / Jean-Paul Dekiss
原著；馬向陽譯．— 初版．— 臺北市：時報
文化，2005〔民94〕
面；　　公分．—（發現之旅；79）
含索引
譯自：Jules Verne, Le rêve du progrès
ISBN 957-13-4415-X（平裝）

1.凡爾納(Verne, Jules, 1828-1905) - 傳記
2.凡爾納(Verne, Jules, 1828-1905) - 作品評論

784.28　　94022711